Dieter L. Schmich

Erfolgreicher Karrierestart

AF280032

Dieter L. Schmich

Erfolgreicher Karrierestart

Die besten Initiativstrategien
für Hochschulabsolventen
im verdeckten Stellenmarkt

GABLER

Bibliografische Information der Deutschen Nationalbibliothek
Die Deutsche Nationalbibliothek verzeichnet diese Publikation in der
Deutschen Nationalbibliografie; detaillierte bibliografische Daten sind im Internet über
<http://dnb.d-nb.de> abrufbar.

1. Auflage 2011

Alle Rechte vorbehalten
© Gabler Verlag | Springer Fachmedien Wiesbaden GmbH 2011

Lektorat: Irene Buttkus

Gabler Verlag ist eine Marke von Springer Fachmedien.
Springer Fachmedien ist Teil der Fachverlagsgruppe Springer Science+Business Media.
www.gabler.de

Umschlaggestaltung: KünkelLopka Medienentwicklung, Heidelberg
Gedruckt auf säurefreiem und chlorfrei gebleichtem Papier
Printed in Germany

ISBN 978-3-8349-2587-9

Vorwort

Durch meine Seminararbeit und Beratertätigkeit mache ich täglich die Erfahrung, dass insbesondere berufsunerfahrene Menschen Bewerbungsstrategien verfolgen, die dem heutigen Zeitalter in keiner Weise Rechnung tragen. Das ist allerdings leicht nachvollziehbar. Die überwiegende Mehrzahl aller Ratschläge, Tipps und Volksweisheiten, die man zum Thema Bewerbungen findet, setzen wirtschaftliche und gesellschaftliche Rahmenbedingungen voraus, die real nicht mehr existieren.

Mit diesem Bewerbungsratgeber möchte ich Hilfestellung für neue, den veränderten Bedingungen entsprechende Bewerbungsstrategien leisten. Sie werden vielleicht überrascht sein, wie erheblich sich zeitgemäße Initiativstrategien von den Bewerbungstechniken unterscheiden, die noch vor wenigen Jahren üblich waren.

Sie können mich gerne unter *www.bewerbungs-center.com* auf meiner Internetseite besuchen. Über Anregungen oder Feedbacks freue ich mich. Sie erreichen mich per E-Mail an *info@bewerbungs-center.com*.

Im Dezember 2010

Ihr
Dieter L. Schmich

Inhaltsverzeichnis

Teil B
Arbeitsblätter & Vorlagen 175

Einleitung: Neue Zeiten erfordern neue Strategien

Sie haben Ihren akademischen Abschluss geschafft. Oder Sie stehen kurz davor. Vielleicht haben Sie noch ein bis zwei Jahre Zeit und möchten idealerweise Ihren Berufseinstieg schon jetzt professionell vorbereiten. Auf jeden Fall haben Sie einiges geleistet, worauf Sie stolz sein können. Sie haben alle Trümpfe in der Hand, Ihre berufliche Zukunft optimal zu gestalten. Dazu benötigen Sie allerdings einen Arbeitgeber, der Ihnen den Berufseinstieg ermöglicht. Und da beginnt schon der erste Engpass: Die auf dem heutigen Arbeitsmarkt heiß begehrte Berufspraxis fehlt.

Es liegt in der Natur der Sache, dass Hochschulabsolventen keine umfangreichen Berufserfahrungen bieten können. Dieses mehr als verständliche Defizit stellte in der Vergangenheit auch keine erhebliche Hürde dar. Insbesondere Unternehmen mit einer strategischen Personalplanung boten in der Vergangenheit genügend Einstiegspositionen. Sie führten junge berufsunerfahrene Talente professionell an ihr späteres Aufgabengebiet heran. Das galt ebenso für den Berufseinstieg im öffentlichen Dienst. Diese weitsichtige Investition in ihr künftiges Personal möchten sich allerdings immer weniger Arbeitgeber leisten. Heute wird in der Regel kurzfristiger gedacht. Der sofort einsetzbare Könner ist erwünscht. Die Zahl der Vakanzen für Bewerber und Bewerberinnen, die über keine Berufspraxis verfügen, wird deshalb von Jahr zu Jahr geringer. Gleichzeitig sind die Anforderungen an die Kandidaten gestiegen.

Unabhängig davon, ob Sie für Ihr berufliches Fortkommen die Privatwirtschaft oder den öffentlichen Dienst anstreben, Sie werden sich mit Arbeitgebern konfrontiert sehen, die einem harten Kostendruck ausgesetzt sind. Insbesondere viele Großkonzerne haben noch immer keine Rezepte für die neuen Marktbedingungen der globalisierten Welt gefunden. Bei der öffentlichen Hand ergibt sich ein ähnliches Bild. Drohende Staats- und Bankenpleiten, Überschuldung und Währungsprobleme belasten die öffentlichen Haushalte. Die Hintergründe liegen auf der Hand.

Wir leben in einem Zeitalter der globalen Veränderung. Staaten, die noch vor wenigen Jahren zur Riege der Schwellenländer zählten, sind im Aufbruch. Sie drängen mit unbedingtem Willen nach Wirtschaftswachstum und Wohlstand. Die Bevölkerungen dieser aufstrebenden Volkswirtschaften brennen förmlich nach

Erfolg und beruflicher Karriere. Auch sie sehnen sich nach schönen Autos, angenehmen Sozialsystemen, Eigenheimen, Urlaubsreisen und allen anderen Bequemlichkeiten, die stark wachsende Volkswirtschaften so mit sich bringen. Weit mehr als zwei Milliarden Menschen befinden sich zurzeit in einer gesellschaftlichen Entwicklungsphase, die wir Europäer zuletzt in den 1970er Jahren erleben durften.

Osteuropa, Südamerika und insbesondere das ferne Asien sind die neuen Musterschüler der Weltwirtschaft. Wir hingegen, die Champions von gestern, sind bequem und veränderungsresistent geworden. So sehr sehnen wir uns nach den alten Zeiten zurück. Karriereautomatismen, funktionierende Renten- und Gesundheitssysteme, regelmäßige Gehaltssteigerungen sowie das stetige Anwachsen von Wohlstand und Freizeit.

Die heutigen Hochschulabsolventen stehen im Gegensatz zu ihrer Eltern- und Großelterngeneration völlig anderen Herausforderungen gegenüber. Der heutige Arbeitsmarkt ist dynamischer geworden und folgt immer kompromissloser den Gesetzen des freien Marktes. Es besteht die Gefahr, dass Absolventen in eine aussichtslose Endlosschleife schlittern. Ohne Berufspraxis ist man nicht sofort einsetzbar und findet deshalb nur schwer einen Job. Und ohne einen Job hat man keine Chance, die notwendigen Berufserfahrungen zu sammeln. Praktika werden akzeptiert, um aus dieser Spirale entfliehen zu können. Manchmal kann dies zweckmäßig und von Erfolg gekrönt sein. Meistens führt es allerdings ins Aus. Wertvolle Zeit verstreicht. Und je länger der Abschluss zurückliegt, desto schlechter stehen die Chancen eine Einstiegsposition zu ergattern. Der akademische Titel allein ist nicht mehr der alles entscheidende Faktor für einen erfolgreichen Berufseinstieg.

Jetzt werden Sie sich vielleicht fragen: „Werde ich diese Herausforderungen bewältigen können?"

Selbstverständlich sind Sie dazu in der Lage. Ihre berufliche Ausgangssituation ist sogar mehr als hervorragend. Sie haben den Trumpf einer Spitzenausbildung in der Hand. Sie haben alle Grundvoraussetzungen geschaffen, um sich im Berufsleben erfolgreich durchzusetzen. Zudem bestehen berechtigte Chancen, dass Ihnen sogar eine außergewöhnliche Karriere bevorsteht. Und vor allem: Die Zeit ist auf Ihrer Seite.

Die demografische Entwicklung wird Sie früher oder später zu einer sehr gefragten Arbeitskraft machen. Je nach Region lagen in Westeuropa die geburtenstarken Jahrgänge zwischen den Jahren 1962 und 1966. Danach befanden sich die Geburtenraten im freien Fall. Relativ gesehen gibt es von Ihrer Generation nicht viele Menschen. Und von diesem eher ‚seltenen' Bevölkerungsanteil sind ausgerechnet Sie überdurchschnittlich qualifiziert. Diejenigen, die heute die interessanten beruflichen Positionen innehaben und gerade damit beschäftigt sind, ihren bisher erreichten Status zu verteidigen, werden bald weit über fünfzig sein oder in den wohlverdienten Ruhestand gehen. Die berufliche Zukunft gehört allein Ihrer Generation. Der Startschuss ist bereits gefallen. Der Kampf um Spitzenkräfte hat längst begonnen. Um allerdings dabei sein zu können, müssen Sie noch eine einzige Voraussetzung erfüllen und Ihren Hochschulabschluss mit Berufspraxis ergänzen – eine unschlagbare Kombination. Erst dann werden Sie zum erlauchten Kreis der meistgefragten Mitarbeiter zählen. Noch ist es allerdings nicht soweit.

Was Sie jetzt benötigen, sind Bewerbungsstrategien, die den Zeitgeist treffen. Neue Rahmenbedingungen auf dem Arbeitsmarkt machen neue Bewerbungstechniken erforderlich. Die Masse der Jobsuchenden bewirbt sich heute förmlich am Arbeitsmarkt vorbei.

Dieses Buch liefert hierzu eine praxisgerechte Orientierung, Aufklärung und Anleitung. Es werden neue und vor allem funktionierende Bewerbungsstrategien aufgezeigt. Selbstverständlich werden auch mehrere Varianten tabellarischer Lebensläufe und Bewerbungsanschreiben vorgestellt. Ebenso wird diesbezüglich auf aktuelle Trends hingewiesen. Allerdings hat sich der Stellenwert von Bewerbungsunterlagen mittlerweile relativiert. Das betrifft im besonderen Maße Berufseinsteiger. Heute ist es viel wichtiger, die richtigen Strategien zu verfolgen. Wenn Bewerberinnen und Bewerber einfach nicht wissen, wann welche Einstiegspositionen bei welchen Arbeitgebern vakant sind, werden auch ausgeklügelte und raffiniert gestaltete Bewerbungsunterlagen nicht weiterhelfen.

Interessante Jobs werden heute in der Mehrzahl sozusagen unter der Hand vergeben. Es gibt einen eindeutigen Trend, in dessen Folge viele freie Arbeitsstellen der Öffentlichkeit vorenthalten werden. Ein sogenannter verdeckter Stellenmarkt hat sich etabliert. Wenn Sie veröffentlichte Stellenangebote in den Online- und Printmedien sichten, werden Sie schnell selbst bemerken, dass dort für Absolventen nicht viel geboten wird.

Es kann durchaus behauptet werden, dass die gängigen Bewerbungstipps die aktuellen Entwicklungen rund um das Thema der Jobsuche nicht berücksichtigen. So setzen sich gerade Hochschulabsolventen harten Wettbewerbsbedingungen aus. Es werden noch immer verzweifelt Stellenangebote in Zeitungen und im Internet gesucht, wahre Kunstwerke von Bewerbungsunterlagen erstellt und zahlreiche Arbeitgeber planlos mit Unterlagen zugepflastert. Hunderte von Bewerbern und Bewerberinnen stürzen sich gleichzeitig auf die wenigen öffentlich bekannten Einstiegspositionen. Während sich informierte Jobsuchende sozusagen an der übrigen Bewerbermasse vorbei nahezu gemütlich auf dem verdeckten Stellenmarkt die besten Sahnestückchen herauspicken.

Ich werde Ihnen Techniken vorstellen, mit denen Sie von nicht veröffentlichten Einstiegspositionen Kenntnis erhalten. Sie werden informierter sein als andere, wo und wann offene Positionen zu besetzen sind.

In der Summe liefere ich Ihnen ein strukturiertes Gesamtkonzept. Zugleich ist es pragmatisch und einfach in die Praxis umzusetzen. Es startet noch vor Ihrer konkreten Bewerbungsphase und geht über Ihren Berufseinstieg hinaus. Mit der hier vorgestellten Vorgehensweise werden Sie nicht nur Ihre erste akademische Anstellung finden, sondern gleichzeitig Voraussetzungen schaffen, um danach weitere wichtige Karriereschritte realisieren zu können. Zudem ist es durchaus möglich, dass Ihre jetzt anstehende Bewerbungsphase in dieser Form Ihre erste und zugleich die letzte in Ihrem Leben sein wird. Wie das geht? Das werden Sie im Laufe dieses Werks erfahren.

Ich wünsche Ihnen nun viel Spaß beim Lesen dieses Ratgebers. Meine Empfehlung ist, das Buch zunächst der Reihe nach durchzuarbeiten. Die Inhalte bauen aufeinander auf: Jedes Kapitel setzt zwingend die erfolgreiche Umsetzung des vorangegangenen voraus. Automatisch nähern Sie sich so Schritt für Schritt Ihrem Karrierestart. Im zweiten Teil dieses Bewerbungsratgebers finden Sie Arbeitsblätter und Kopiervorlagen, die Ihnen helfen, das Gelesene in die Praxis umzusetzen.

Teil A

Realitäten und akademische Prägungen

Der verdeckte Stellenmarkt für Absolventen

Initiativbewerbungen und Strategien

Karrierestart und Zukunftssicherung

1 Arbeitsmarktrealitäten und akademische Prägungen

Gerade junge Menschen schlittern immer wieder in eine erste Bewerbungsphase, die von Frust und Enttäuschungen geprägt ist. Der anfängliche Elan wandelt sich in eine sorgenvolle Bewerbungsstarre.

Sie können es besser machen und sich auf die Realität vorbereiten. Deshalb behandelt dieses Buch zuallererst einige Aspekte, die unser Zeitalter prägen. Sicher wird Ihnen auf den folgenden Seiten einiges zugemutet – das ist leider erforderlich. Die Auseinandersetzung mit unbequemen Wahrheiten bietet für Sie beträchtliche Vorteile. Je schneller Sie aktuelle Gegebenheiten der Arbeitswelt akzeptieren, desto besser können Sie sie für Ihre eigenen Zwecke nutzen.

Zuvor noch einige wenige Worte zu den allgemeinen Anforderungen an Hochschulabsolventen. Sie haben sich in den letzten Jahren gesteigert. Ebenso hat sich die Gangart der Arbeitgeber gegenüber Bewerbern verschärft. Der Hintergrund waren die Wirtschaftskrisen vergangener Jahre. In Sachen Personalpolitik konnten die Privatwirtschaft und die öffentliche Hand aus dem Vollen schöpfen. Beschäftigte, die um ihren Arbeitsplatz bangten, konnten bedenkenlos mit unvorteilhaften Arbeitsbedingungen und schlechten Umgangsformen konfrontiert werden. Dadurch konnte sich eine überhöhte Anspruchshaltung auf der Arbeitgeberseite entwickeln.

Allerdings gehen diese komfortablen Zeiten aus Arbeitgebersicht langsam zu Ende. Aus den bereits erwähnten demografischen Gründen wird man sich in den nächsten Jahren erheblich umstellen müssen. Intensive Bemühungen um interessante Bewerberinnen und Bewerber werden wieder notwendig werden. So mancher Personaler hat den Startschuss noch nicht gehört und wird sich wohl in den nächsten Jahren noch ziemlich wundern müssen. Oft besteht auf der Arbeitgeberseite noch immer die Illusion, dass die bisherige Vorgehensweise und Anspruchshaltung gegenüber hochqualifizierten Bewerbern beibehalten werden könnte.

Kurzum, Sie werden in Ihrer nun anstehenden Bewerbungsphase auch auf solche Arbeitgeber treffen, die in Sachen Personalauswahl in der Vergangenheit leben. Stellen Sie sich bitte darauf ein. Sie sollten sich von Anfang an weigern, eine Opferhaltung einzunehmen. Mit Selbstbewusstsein und Mut sollten Sie sich konsequent durchsetzen. Im Laufe dieses Ratgebers werden Ihnen dazu die entsprechenden Instrumente geliefert.

Kommen wir nun zur Betrachtung einiger gesellschaftlicher Veränderungen. Um sich den neuen Herausforderungen einer globalisierten Arbeitswelt stellen zu können, ist es notwendig sich seinen Prägungen aus der Vergangenheit bewusst zu werden. Es wird mit dem aus Ihrer Sicht Naheliegenden begonnen.

1.1   Hochschulische Prägungen

Die Berufsbilder sowie die Anforderungsprofile für Mitarbeiter sind durch die fortschreitende Differenzierung der Arbeitswelt gekennzeichnet. Immer mehr unternehmensspezifische und weniger allgemeingültige Qualifikationen werden von der Arbeitgeberseite gewünscht. Dieser Trend ist beispielsweise in den Headlines von Stellenangeboten deutlich zu erkennen. Unternehmen kreieren mittlerweile Eigennamen für Ihre spezifischen Berufsbilder.

An den meisten Hochschulen hat man darauf reagiert. Es hat sich mittlerweile viel getan. Praxisorientierte Pädagogen und Professoren haben längst erkannt, dass es ohne die Vernetzung zur Arbeitswelt nicht mehr geht. Dahingehend gibt es an den Universitäten viele sinnvolle und innovative Bestrebungen. Ebenso steigt die Zahl neuer spezifischer Studiengänge permanent.

Dennoch wird es letztendlich niemals möglich sein, Studiengänge an alle Praxisanforderungen anzupassen. Bildungseinrichtungen werden immer gezwungen sein, die zu lehrenden Inhalte nicht zu sehr zu differenzieren. Spezialisierungen gehen immer zu Lasten der künftig möglichen Tätigkeitsbandbreite. Für Studenten muss sichergestellt sein, dass die späteren beruflichen Einsatzgebiete nicht zu sehr eingeschränkt sind.

■ **Hochschulausbildungen können nur bedingt den Wünschen der Arbeitgeber nach spezifischen Qualifikationen nachkommen.**

Darüber hinaus konnten sich Hochschulabsolventen länger als alle anderen Berufseinsteiger an individualisierte und freiheitliche Lebensprinzipien gewöhnen, bevor sie in den Arbeitsalltag eintreten (vielleicht eine der angenehmsten Randerscheinungen des Studiums). Deshalb tut sich so mancher Jungakademiker schwer, sich an die berufliche Praxis zu gewöhnen. Das ist gut nachvollziehbar. Schließlich sind Unternehmen alles andere als demokratische Systeme. Letztendlich entscheidet der Chef.

Zudem ist es für manchen Berufseinsteiger sehr ungewohnt, wie ernsthaft es manchmal am neuen Arbeitsplatz zugehen kann. Man erkennt schnell, dass Kollegen oder ganze Abteilungen von den eigenen Arbeitsergebnissen abhängig sind. Prüfungen an der Uni zu bestehen, ist einfach etwas völlig anderes als die Zufriedenheit von Kunden, des Chefs oder der Kollegen zu realisieren. Ganz zu schweigen von dem heute üblichen Kompetenz- und Reviergerangel.

Ob diese Umstellung vom Studentenleben zum Arbeitsalltag bewältigt werden kann, konnte ein Absolvent in der Regel noch nicht beweisen. Obwohl das die Mehrzahl der Jungakademiker problemlos schafft, fürchten dennoch einige Arbeitgeber bei berufsunerfahrenen Bewerbern den Praxisschock. Schließlich treffen zwei Welten aufeinander. Die Theorie und die Praxis.

■ **Erste Praxiskenntnisse während des Studiums und der frühzeitige Kontakt zu potenziellen Arbeitgebern sind heute die maßgeblichen Erfolgsfaktoren für den Berufseinstieg.**

Durch diese vorgenannten Kriterien können Arbeitgeber beruhigt werden, dass die Anstellung eines berufsunerfahrenen Absolventen kein erhebliches Risiko darstellt.

Auch an den Universitäten herrscht mittlerweile die Einsicht, dass der akademische Titel allein kein Garant mehr ist, um eine aussichtsreiche Einstiegsposition zu ergattern. Das Motto ‚Abschluss über Alles' hat endgültig ausgedient. Der Titel dient nur noch als wichtige und notwendige Grundvoraussetzung.

Um auf diese neuen Gegebenheiten zu reagieren, haben heute die meisten Hochschulen funktionierende Schnittstellen zur freien Wirtschaft eingerichtet. Mit der Industrie gemeinsam werden zahlreiche Kooperationen und Projekte durchgeführt. So mancher strategisch ausgerichtete Arbeitgeber ist an den Hochschulen vor Ort und hält nach Talenten Ausschau (zumindest bei begehrten Studiengängen). Kurse und Fortbildungen für Studenten werden angeboten sowie Referenten eingeladen. Auf Absolventen zugeschnittene interne und externe Veranstaltungen, Messen, Jobbörsen u.v.m. werden organisiert. In der Summe gewährleisten diese Maßnahmen, dass den Studenten der Übergang in die Welt der Berufspraxis geebnet wird.

Demnach gibt es viele Bemühungen die Arbeitswelt in die Hörsäle zu bringen. Zudem werden die Studenten immer wieder aufgefordert sich frühzeitig erste Praxiskenntnisse anzueignen und schon während der Studienzeit den Kontakt zu potenziellen Arbeitgebern zu suchen.

Dennoch gibt es noch immer einige Jungakademiker, die das nicht so recht wahrhaben möchten. Sie sind noch immer der Ansicht, dass allein ihr akademischer Titel für einen erfolgreichen Berufseinstieg ausreichend ist. In diesen Fällen spielen bisherige familiäre und gesellschaftliche Prägungen sicher eine bedeutende Rolle.

1.2   Familiäre und gesellschaftliche Prägungen

Bei Bewerberberatern häufen sich Anrufe und Terminwünsche besorgter Eltern, deren Töchter und Söhne in der Bewerbungsphase feststecken. Die Themen sind immer die gleichen. Ihre Kinder machen sicher etwas falsch, vermuten die Eltern. Trotz zahlreicher Bewerbungen können keine oder zu wenige Einladungen zu Vorstellungsgesprächen realisiert werden. Oder sie haben nun das x-te Praktikum absolviert, ohne im Anschluss vom Arbeitgeber übernommen worden zu sein.

Auf die Frage hin, welche Strategien verfolgt wurden, werden regelmäßig Karriere- und Bewerbungsstrategien beschrieben, die schon vor vielen Jahren nicht mehr von Erfolg gekrönt waren.

Natürlich ist das Elternhaus für junge Erwachsene die erste Anlaufstelle, wenn es um Rat geht. Selbst dann, wenn keine Tipps gegeben werden, so dient doch das Berufsleben der Eltern und Angehörigen als erste Orientierung. Dies hat nur einen einzigen Haken. Diese Generation fand volkswirtschaftlich völlig andere Rahmenbedingungen vor.

■ **Jobsuchende sollten sich nicht an Personen orientieren, deren Bewerbungsphase schon zig Jahre her ist oder an solchen, die kurz vor dem Ruhestand stehen.**

Unsere globalisierte und vernetzte Welt verändert sich mit einer atemberaubenden Geschwindigkeit. Karriererezepte sind in Windeseile veraltet und funktionie-
ren nicht mehr. Früher musste man sich nicht ständig auf neue Rahmenbedingungen einstellen. Die aktuelle Eltern- und Großelterngeneration sind schnelle Veränderungen der Lebensumstände einfach nicht gewohnt. Der neue dynamische
Zeitgeist wird von vielen Menschen, die bereits lange Jahre im Berufsleben stehen,
eher als Bedrohung empfunden.

Was hat sich denn nun verändert?

In der Vergangenheit war eine hochwertige Ausbildung der Hauptgrund für berufliches und finanzielles Fortkommen. Akademische Abschlüsse bedingten ein
höheres Einstiegsniveau. Gehaltssteigerungen entwickelten sich linear weiter.
Man arbeitete zum Teil zwanzig und mehr Jahre bei einem einzigen Unternehmen. Und wer Karriere machen wollte, konnte dies oft beim gleichen Arbeitgeber
tun. Der akademische Titel war in den meisten Fällen der Erfolgsgarant. Mehr als
zwei bis drei berufliche Stationen im Lebenslauf waren eher die Ausnahme. Es
herrschte nahezu ein Karriereautomatismus. Diese Garantien gibt es heute nicht
mehr. Hochschulabsolventen finden nicht mehr automatisch ideale Perspektiven
vor. Selbstverständlich sind optimale Karrieren auch heute noch möglich - es wird
sich allerdings nichts mehr von selbst ergeben. Und schon gar nicht, nur weil über
einen akademischen Titel verfügt wird. Ebenso sind auch Spitzenpositionen heute
vor Kündigungen nicht geschützt.

Mit hoher Wahrscheinlichkeit werden Beschäftigte ihren Arbeitsplatz öfter wechseln als ihre Elterngeneration es gewohnt war. Und dennoch suchen noch heute
einige Jobsuchende die klassische langfristige Anstellung, auf die sie ihre komplette zukünftige Lebensplanung aufbauen möchten. Diese unbeweglichen Vorstellungen sind endlich loszulassen.

■ **Berufseinsteiger sollten keine Anstellung auf Lebenszeit suchen.**

Zu hohe finanzielle Abhängigkeiten oder zu starre Lebensplanungen sind zu
vermeiden. Heute muss sichergestellt sein, dass man in einem bestimmten Rahmen jederzeit agieren kann. Diejenigen, die sich dem Zeitgeist der Dynamik nicht
verwehren, werden weiterhin beruflichen Erfolg haben. Wahrscheinlich verschaffen sie sich sogar einen erheblichen Wettbewerbsvorteil. Flexible und unabhängi-

ge Menschen können schneller zugreifen, wenn sich spontan neue Karrierechancen ergeben. Sie werden mit großen Schritten davoneilen, während andere noch zaudern, nostalgischen Vorstellungen nachhängen oder vielleicht auf vermeintlich bessere Zeiten warten.

■ **Dynamische Gesellschaftsprozesse werden gleichzeitig schnellere Karrieren ermöglichen.**

Veränderungen und neue Herausforderungen können auch positiv gesehen werden. Je nachdem aus welchem Blickwinkel sie betrachtet werden. Beispielsweise als Chance für die persönliche Entwicklung oder als positive Abwechslung. Vielleicht sogar als ein kleines Abenteuer. Wer die richtige Balance zwischen Arbeit und Privatem findet, dem werden neue dynamische Zeiten keine Probleme bereiten.

1.3   Work-Life-Balance

Es geht in diesem Ratgeber um Karrieren für Hochqualifizierte. Das heißt um junge Menschen, die sich für eine Eliteausbildung entschieden haben und zusätzlich bewiesen haben, dass sie über eine überdurchschnittliche Intelligenz verfügen. Deshalb muss es erlaubt sein, einen höheren Maßstab anzusetzen. Die Bewältigung der Gratwanderung zwischen einer hohen beruflichen Einsatzbereitschaft und einem positiven Privatleben darf eingefordert werden. Ansonsten wäre der ganze Aufwand eines Studiums, wie Lern- und Prüfungsstress, Zeiteinsatz und langjähriger Konsumverzicht, nicht notwendig gewesen.

Der Mitarbeiter der Zukunft wird gleich zu Beginn seiner beruflichen Laufbahn mögliche Veränderungen oder Unsicherheiten in seinen privaten und beruflichen Planungen berücksichtigen. Er wird unabhängiger vom Arbeitgeber sein.

■ **Der moderne Arbeitnehmer wird über soziale und berufliche Netzwerke verfügen, die seine berufliche Laufbahn absichern.**

Seine guten Kontakte werden ihm ermöglichen, seinen Job jederzeit zu wechseln. Damit wird er gerüstet sein. Einer sich abzeichnenden Bedrohung seines Arbeitsplatzes muss er nicht mehr tatenlos zusehen. Er wird schneller reagieren und nicht ängstlich abwarten bis endlich eine Kündigung eingeht. Arbeitgeber, die keine akzeptablen Arbeitsbedingungen mehr bieten, werden von den Beschäftigten in Windeseile gegen lukrativere Arbeitgeber ausgetauscht werden können.

Arbeitsplätze öfter als bisher zu wechseln, kann durchaus positive Seiten haben. Durch sich regelmäßig ändernde Arbeitsbedingungen und Aufgabenstellungen werden sich berufliche Fähigkeiten und Kompetenzen rasant erweitern. Das berufliche Erfahrungsprofil gewinnt schnell an beeindruckender Qualität. Die berufliche Karriere wird so maßgeblich gefördert.

Demnach wird sich das Karussell der Mitarbeiterfluktuation grundsätzlich schneller drehen. Das bietet zusätzliche Chancen für Mitarbeiter untergeordneter Hierarchien oder für externe Bewerber. Interessante Positionen werden öfter vakant und nicht mehr jahrzehntelang von einer einzigen Person belegt sein.

■ **Ein dynamischer Arbeitsmarkt schafft zahlreichere Vakanzen in immer kürzeren Zeiträumen. Karrieresprünge sind öfter möglich.**

Auch das wird zu schnelleren beruflichen Laufbahnen führen. Vielleicht wird es schon in naher Zukunft als üblich empfunden werden, seinen Wohnort häufiger als gewohnt zu wechseln. Die Vergrößerung des Bekanntenkreises durch hinzugekommene Freunde, Nachbarn oder Arbeitskollegen kann ebenso als angenehm empfunden werden. Im Prinzip ist es eine Frage der Sichtweise, welcher Lebensrhythmus in einer Gesellschaft sozusagen als normal angesehen wird.

Selbstverständlich sind dem Ganzen auch Grenzen gesetzt. Viele Menschen und insbesondere deren Kinder benötigen ein Mindestmaß an Verwurzelung und Struktur. Es muss eine neue Balance zwischen Arbeiten und Leben gefunden werden. Ehepartner werden sich vielleicht in bestimmten Abständen mit der Kinderbetreuung abwechseln. Oder beide arbeiten jeweils nur drei Tage die Woche. Vielleicht gibt es verschiedene Wohnorte und man sieht sich für eine absehbare Zeit nur am Wochenende. Die Ausübung eines Zweitjobs ist vorstellbar. Vielleicht macht man sich nebenberuflich selbstständig. Regelmäßige Auszeiten wären ebenfalls denkbar. Auch das würde im Zeitalter von Dynamik, Arbeitsplatzwechsel und Flexibilität bei zukünftigen Arbeitgebern keinen Argwohn mehr erzeugen.

Wer weiß schon genau, was konkret die Zukunft mit sich bringen wird. Eines steht allerdings außer Frage. Jeder muss für sich seinen ganz persönlichen Weg finden. Und vor allem, er sollte für alle möglichen Ereignisse mehr oder weniger gewappnet sein. Das wird anfangs ungewohnt sein und so manche Leser könnten jetzt erwidern, dass das alles zu einer Vereinsamung des Einzelnen führen wird. Das Gegenteil wird der Fall sein. Viele Menschen werden erkennen, dass in ihnen eine kommunikative und kontaktfreudige Ader steckt. Und dass Abwechslung und Neues der Lebensqualität durchaus förderlich sein können.

Das nostalgische Erfolgsmodell „Haus, Familie, Kinder, Auto, Urlaub, tolle Rente" wird ersetzt werden durch „Familie, Kinder, Arbeitsspaß, Abwechslung, Freiheit und Lebenserfahrung" und das bis ins hohe Lebensalter.

Wichtige Einflussfaktoren darauf werden sein, welche werthaltige Nachfrage ein Beschäftigter auf dem Arbeitsmarkt erzielen kann und welche Güte das eigene berufliche Profil aufweist. Das heißt über welche Marktmacht er durch seine beruflichen Kenntnisse und Fähigkeiten auf dem Arbeitsmarkt verfügt. Je gefragter ein Arbeitnehmer ist, desto mehr Wahlfreiheiten wird er sich leisten können.

■ **Je wertvoller die beruflichen Fähigkeiten und Kompetenzen sind, desto selbstbestimmter kann die persönliche Balance zwischen Arbeit und Leben gestaltet werden.**

Arbeitsmarktmechanismen spielen dabei eine maßgebliche Rolle. Was gilt als wertvolles berufliches Profil? Wann ist man in einer machtvollen Position gegenüber Arbeitgebern?

Die Antworten auf diese Fragen hängen von wirtschaftlichen Randbedingungen ab. Daher ist es notwendig, sich zunächst mit aktuellen volkswirtschaftlichen Besonderheiten einer globalisierten Welt zu beschäftigen.

1.4   Volkswirtschaftliche Realitäten

Unsere Volkswirtschaft und insbesondere der Arbeitsmarkt folgen immer kompromissloser den Gesetzen des freien Markts. Das ist vor allem für hiesige Arbeitnehmer eher ungewohnt. In Europa war es bisher üblich, dass der Staat mit seinen Gesetzen einen stark regelnden Einfluss auf seine Märkte ausübte. Die Gesellschaften waren eher gezügelten Wettbewerbsmechanismen ausgesetzt. Das hat sich dramatisch verändert.

Um die neuen Gegebenheiten besser verdeutlichen und vorteilhaft in der Bewerbungsphase nutzen zu können, ist es notwendig, zu systemischen Fragen ein wenig auszuholen.

Alle volkswirtschaftlichen Systeme der westlichen Industrienationen basieren grundsätzlich auf den Theorien des Moralphilosophen Adam Smith (1723-1790). Insbesondere in seinem Werk „Der Wohlstand der Nationen" (1776) beschrieb er die Idee der „Freien Marktwirtschaft".

Wenn alle Marktteilnehmer einer Volkswirtschaft, also alle Konsumenten und Unternehmen, ihre ureigenen Interessen vertreten, würde das letztendlich in der Summe den Wohlstand der gesamten Bevölkerung erhöhen. Adam Smith setzte voraus, dass alle Menschen nach ihren eigenen Vorteilen streben. Der Schlüssel dabei ist das freie Kräftespiel zwischen Angebot und Nachfrage.

Ein vereinfachtes Beispiel soll das grundlegende Prinzip erklären: Gibt es mehr potenzielle Käufer (Nachfrage) als die Anzahl der Produkte (Angebot), so kann der Preis steigen. Die Käufer überbieten sich gegenseitig, um das begrenzt verfügbare Produkt erwerben zu können. Die Vorteile liegen hier beim Verkäufer (diese Konstellation nennt man „Verkäufermarkt"). Der Hersteller verdient gut und steigert weiter seine Produktion. Oder andere Produzenten hängen sich an diese Entwicklung an und treten dem Markt mit vergleichbaren Waren bei. Obwohl die Hersteller nach Gewinnmaximierung streben, also aus purem Eigennutz handeln, werden automatisch die Wünsche der Verbraucher erfüllt. Irgendwann können alle interessierten Konsumenten das entsprechende Produkt erwerben.

Durch ständige Produktionserhöhungen wird irgendwann der Markt gesättigt sein. Das Produktangebot übersteigt die Anzahl der potenziellen Käufer. Die Nachfrage lässt nach. Die Bereitschaft auf der Verbraucherseite, den aktuellen Marktpreis zu zahlen, sinkt. Um Kaufanreize zu setzen, werden die Produktpreise herabgesetzt und Marketingmaßnahmen eingeleitet. Preiskämpfe zwischen den Produzenten entstehen. Der Wettbewerb verschärft sich. Die Gewinnmargen fallen. Die Vorteile liegen nun auf der Käuferseite (es herrscht ein „Käufermarkt"). Demzufolge sinken die Anreize für die Hersteller und es werden weniger Waren produziert.

Das Ganze hält so lange an, bis das Produktangebot niedriger ist als die Nachfrage auf der Verbraucherseite. Die Preise können wieder steigen und der beschriebene Zyklus beginnt erneut. Oder die Käufer wünschen dieses Produkt gar nicht mehr (Beispiel: Schwarz-weiß-Fernseher). Die Produktion macht keinen Sinn. Alle Produzenten stellen die Herstellung ein. Es gibt nichts mehr zu verdienen.

Wäre dieses freie Spiel der Marktkräfte zwischen Angebot und Nachfrage uneingeschränkt zugelassen, würde die Gesamtsumme aller angebotenen Produkte oder Dienstleistungen exakt der Summe aller Wünsche der Allgemeinheit entsprechen, so Adam Smith. Ein kompromissloses (und gnadenloses) Abbild des menschlichen Konsumverhaltens würde entstehen. Einzelschicksale oder übergeordnete gesellschaftliche Wertesysteme hätten dabei keinen Platz. Würde man den eigennützigen Wünschen der Verbraucher freien Lauf lassen, bestünde das Risiko sozialer Härten. Zugleich würden die Marktteilnehmer auf der Unternehmerseite immer das Bestreben haben, sich dem anstrengenden Wettbewerb zu entziehen. Es bestünde die Gefahr von unerlaubten Preisabsprachen. Zugleich könnten Kartelle oder Monopole entstehen.

Dieser Problematik war sich Adam Smith sehr wohl bewusst. Er forderte deshalb im gleichen Atemzug, dass eine Art neutraler Schiedsrichter eingesetzt werden müsse, der die Einhaltung der übergeordneten gesellschaftlichen Werte überwacht. Er formulierte eine wichtige Einschränkung:

■ **Ein marktwirtschaftliches System sichert nur dann übergeordnete gesellschaftliche Werte, wenn zugleich der Staat die Funktion des neutralen Schiedsrichters übernimmt und für Ordnung sorgt.**

Demzufolge müssen die Faktoren ‚Staat' und ‚Markt' eine unbedingte Einheit bilden. Sie müssen untrennbar miteinander verknüpft sein. Freie Marktkräfte sind durch den Rahmen gebenden Staat zu bändigen. Der Staat stellt innerhalb seiner Staatsgrenzen sozusagen den Marktplatz zur Verfügung, auf dem das wirtschaftliche Treiben nach bestimmten Regeln abläuft. Zugleich wird die Einhaltung der Spielregeln streng überwacht und bei Verstößen für Bestrafung gesorgt. Die Ordnungspolitik ist dabei das entscheidende Instrument. Sie wirkt Marktauswüchsen entgegen und sorgt für Recht und Ordnung. Die Einhaltung gesellschaftlicher Grundwerte wird so sichergestellt.

Eine starke gesetzgebende und marktüberwachende Politik ist demnach der Schlüssel einer funktionierenden Marktwirtschaft. Auf welche Art und Weise er zu gebrauchen ist, darüber entscheiden die unterschiedlichen politischen Ansichten. Diese können in demokratischen Gesellschaftssystemen direkt durch Wählerstimmen beeinflusst werden. So viel zur Theorie.

Was ist heute aus der Schiedsrichterfunktion des einzelnen Staates geworden?

Die Forderung von Adam Smith, dass ‚Staat' und ‚Markt' untrennbar verknüpft sein müssen, kann heute nicht mehr erfüllt werden. Das geschlossene System von ‚Marktplatz' und ‚Staatsgebiet' ist aufgebrochen. Das Zuständigkeitsgebiet der Regierungen inklusive ihrer Gesetze endet an den jeweiligen Staatsgrenzen. Ihre Volkswirtschaften hingegen wirken grenzüberschreitend und sind global vernetzt. Nationale Alleingänge, um Ordnung zu schaffen, greifen nicht mehr. Sie laufen ins Leere. Eigentlich wäre es jetzt an der Zeit, eine Art Oberschiedsrichter einzusetzen, der weltweit die Einhaltung übergeordneter gesellschaftlicher Interessen überwacht. Eine internationale Ordnungspolitik wäre jetzt angebracht. Das ist allerdings eine illusorische Forderung. Sie ist nicht umsetzbar.

Eine ordnungspolitische Einigung aller am globalen Markt teilnehmenden Nationen ist nicht möglich. Dazu sind die gesellschaftlichen Entwicklungsstände der weltweiten Staaten auf einem zu unterschiedlichen Niveau. Viele aufstrebende Schwellenländer haben in Sachen Wohlstand und Industrialisierung verständlicherweise Nachholbedarf. Höchst unterschiedliche volkswirtschaftliche Interessenlagen sind die logische Folge davon. Im Prinzip wird dieses Manko erst dann entfallen, wenn alle Staaten der Erde einen ähnlichen Wohlstandslevel erreicht und sich zugleich auf einheitliche gesellschaftliche Werte geeinigt haben. Ob dies in naher Zukunft eintrifft, ist mehr als fraglich. Selbst im Kleinen, auf europäischer Ebene, sind viele unterschiedliche Interessenlagen noch immer unüberwindbar.

Unterm Strich bleibt ein weltweiter Wettbewerb, der ungeregelt ist (ohne Oberschiedsrichter). Kompromisslos wirkende Marktmechanismen sowie ein international ungewöhnlich hoher Konkurrenzdruck sind die Auswirkung davon. Dem Ganzen sind nicht nur Unternehmen, sondern insbesondere komplette Volkswirtschaften einzelner Staaten ausgesetzt.

Immer mehr Nationen beanspruchen die Teilnahme am globalen Treiben um Macht und Geld. Während noch vor einigen Jahren gerade einmal sieben Nationen (damals die G 7) den Weltmarkt mehr oder weniger unter sich aufteilten, sind heute bereits mehr als dreimal so viele Staaten daran beteiligt (in der Hauptsache die G 20). Und die Anzahl neuer globaler Marktteilnehmer steigt in einer atemberaubenden Geschwindigkeit.

Das bedeutet, dass wir heute nicht mehr nach Vater Staat rufen können, wenn unangenehme Marktbedingungen der globalisierten Welt in unserem Alltag ankommen und vielleicht schon aus dem Ruder gelaufen sind. Unsere Regierungen können keine Volkswirtschaften regeln, die längst mit der Weltwirtschaft verschmolzen sind und so globalen Werten gehorchen. Das Instrument ‚Ordnungspolitik' ist stumpf geworden.

■ **Marktmechanismen treten an die Stelle der ordnungsgebenden Funktion des Einzelstaates.**

Härtere Wettbewerbsbedingungen werden von Unternehmen an ihre Beschäftigten weitergegeben. Und diese wiederum treten als Konsumenten auf und geben den Druck an die Produzenten zurück, indem sie ebenso ein kompromisslos wettbewerbsorientiertes Kaufverhalten an den Tag legen. Sie konsumieren dort, wo es günstiger, schneller, besser, größer oder schöner ist. Unabhängig davon, aus welcher Region der Erde es stammt.

Zusammengefasst betrachtet macht sich das globalisierte Zeitalter in nahezu allen Lebensbereichen direkt oder zumindest indirekt bemerkbar. Der Arbeitsmarkt macht da keine Ausnahme. Demnach ist auch hier das freie Kräftespiel von Angebot und Nachfrage in Sachen beruflicher Qualifikation zu beachten:

■ **Wettbewerbsprinzipien werden die entscheidenden Faktoren für den beruflichen Erfolg sein.**

Und das beginnt schon bei der Suche des Berufseinstiegs. Demzufolge ist es schon jetzt wichtig, sich mit der Konkurrenzsituation von Arbeitskraft auseinanderzusetzen. Hat man die entsprechenden Marktmechanismen erst einmal verinnerlicht, können einige Bewerbungsvorteile durchaus einfach generiert werden.

1.5   Arbeitskraft im Wettbewerb

Wie hinlänglich erläutert fallen Regierungen mit Ihren Politikern mehr oder weniger aus, um global wirkende Marktmechanismen maßgeblich beeinflussen zu können.

Wir sollten beginnen, das Ganze selbst in die Hand zu nehmen. Zumindest in denjenigen Lebensbereichen, in denen es ohne Weiteres möglich ist. Wir selbst haben unsere beruflichen Ziele und Wünsche durchzusetzen.

- **Eigenverantwortlichkeit ist der Schlüssel für das globalisierte Zeitalter.**

Nur so kann der Wegfall des ‚schützenden Staates' kompensiert werden. Wir haben selbst dafür Sorge zu tragen, dass es uns gut geht und unsere individuellen Interessen gewahrt bleiben. Man sollte sich frühzeitig mit frei wirkenden Marktkräften anfreunden und diese bereits in seine Bewerbungsstrategie einbinden.

Demnach gibt es einen Markt, ein Produkt, Käufer, Verkäufer und natürlich einen entstehenden Preis. Folgende Analogien werden gebildet:

- **Markt = Arbeitsmarkt**

- **Produkt = Arbeitskraft**

- **Preis = Gehalt oder allgemeine Arbeitskonditionen**

- **Käufer = Arbeitgeber**

- **Verkäufer = Bewerber**

Diese fünf Punkte sind die Hauptfaktoren im Kräftespiel von Angebot und Nachfrage für die Suche nach dem Berufseinstieg. Das bedeutet, dass Bewerber ihre Arbeitskraft bei Arbeitgebern sozusagen anbieten (bewerben):

- **Die Arbeitskraft sollte als eine Art Produkt aufgefasst werden, das auf dem Arbeitsmarkt gegen Gehaltszahlung verkauft werden muss.**

Die konsequente Annahme dieser ungewöhnlichen und zugleich nüchternen Sichtweise ist ungemein wichtig, um zeitgemäße Bewerbungsstrategien erfolgreich in die Praxis umsetzen zu können. Nur dadurch können bestimmte Bewerbungskonstellationen besser nachvollzogen und für eigenen Zwecke vorteilhaft genutzt werden.

Beispiel:

Es fand ein Seminar für akademische Langzeitarbeitslose statt. Herr Z. nahm daran teil. Er war promovierter Physiker. Sein Studium hatte er bei einer renommierten Universität absolviert. Seine Diplom- und Doktorarbeit konnte er in einem Spitzeninstitut für physikalische Grundlagenforschung schreiben.

Herr Z. war ein fachlich orientierter Typus. Er war immer der Meinung, dass er sich während und nach seinem Studium permanent weiterqualifizieren müsse. Er belegte zusätzlich zahlreiche Seminare, absolvierte renommierte Zusatzzertifikate und war stets bemüht seine Kernkompetenzen zu erweitern. Eine Zusatzausbildung nach der anderen gönnte er sich dabei. Wurde der Lebenslauf betrachtet, war man zunächst tief beeindruckt. Fast 20 Zertifikate von renommierten Universitäten, Instituten und Fortbildungseinrichtungen konnte er vorweisen.

Allerdings hatte Herr Z. mittlerweile das Lebensalter von 39 Jahren erreicht. Ein recht hohes Lebensalter für einen Hochschulabsolventen ohne Berufserfahrung. Spitzenqualifikationen kosten nun mal Zeit, sagte er immer wieder. Tatsächlich hatte er bis zu diesem Zeitpunkt noch keinen einzigen Euro mit seinen zahlreichen Kenntnissen verdient.

Bisher nannte er im Rahmen von Vorstellungsgesprächen Gehaltsvorstellungen, die er im Internet und in Fachzeitschriften recherchiert hatte. Natürlich addierte er noch einige Tausend Euro auf das Jahresgehalt hinzu, da er schließlich qualifizierter als die üblichen Absolventen war.

Er konnte einfach nicht verstehen, dass die jeweiligen Arbeitgeber immer wieder über seine Gehaltsforderungen den Kopf schüttelten und er auf dem Arbeitsmarkt nicht heiß begehrt war. Zumal man ja immer hörte, dass gerade Physiker extrem nachgefragt seien.

Möchte man etwas verkaufen, spielt die eigene Einschätzung über dessen Wert keine Rolle. Allein der Markt, das heißt die Nachfrage für das angebotene Produkt (Arbeitskraft), bestimmt den Verkaufspreis (Arbeitskonditionen) und ob es schlussendlich als begehrt oder nicht begehrt eingestuft wird.

Über alledem steht die Konkurrenzsituation. Gibt es weitere Anbieter und wie viele sind es? Wie sieht deren Angebot aus? Derjenige Verkäufer, der das beste Angebot macht, erhält den Zuschlag und zugleich den Verkaufspreis ausbezahlt (in unserem Fall die Zusage für eine Anstellung sowie die monatliche Überweisung des Gehalts).

In der Volkswirtschaftslehre nach Adam Smith gibt es die Begriffe „Käufermarkt" (die Vorteile liegen auf der Konsumentenseite) und „Verkäufermarkt" (die Vorteile liegen auf der Herstellerseite). In diesem Buch werden auch diese beiden Marktkonstellationen auf die Situation eines Jobsuchenden analog übertragen. Sie werden sozusagen für die Zwecke dieses Ratgebers definiert.

Demzufolge gibt es zwei grundlegende Situationen auf dem Arbeitsmarkt:

- **Bewerbermarkt (Vorteile liegen auf der Bewerberseite)**

- **Arbeitgebermarkt (Vorteile liegen auf der Arbeitgeberseite)**

Auf diese Arbeitsmarktkonstellationen wird nun näher eingegangen. Das Buch konzentriert sich dabei nur auf die grundlegenden Prinzipien. Das ist für die Ziele im Rahmen von pragmatischen Bewerbungsstrategien völlig ausreichend.

1.5.1 Bewerbermarkt

Bei dieser Arbeitsmarktkonstellation liegen die Vorteile auf der Bewerberseite. Es gibt für eine spezifische berufliche Qualifikation oder für eine bestimmte Region mehr freie Stellen als Bewerber. Es gibt also weniger ‚Produkte' (die Arbeitskraft der Bewerber) als ‚Käufer' (Arbeitgeber mit ihren Konditionen). Die ‚Preise' (Arbeitskonditionen) können steigen. Die Einstiegsbedingungen für Bewerber sind entsprechend lukrativ. Die Arbeitgeberseite muss entweder hohe Gehälter zahlen, gute Arbeitsbedingungen bieten oder viel Werbeaufwand betreiben, um passende Kandidaten anziehen zu können. In diesem Fall stehen Arbeitgeber untereinander im Wettbewerb um potenzielle Bewerber.

> *Beispiel:*
>
> *Herr H. bat um eine Entscheidungshilfe. Sein Studium schloss er gerade als Agrar-Ingenieur ab. Ihm lagen zahlreiche Angebote für den Berufseinstieg vor. Welches sollte er nun annehmen?*
>
> *Herr H. hatte in seinem Studium eine Fachrichtung bzw. Vertiefung gewählt, die zu diesem Zeitpunkt ausschließlich an seiner Hochschule angeboten wurde. Es handelte sich um die einzige akademische Qualifikation, die die Herstellung eines typisch deutschen Genussmittels betraf (um keinen Run auf diesen Studiengang auszulösen oder den Wettbewerb zu verzerren, soll nicht mehr verraten werden).*
>
> *Er war in seinem Jahrgang einer von zehn Absolventen. Ein sehr komfortabler „Bewerbermarkt". Jedes Jahr kamen praktisch nur etwa zwanzig deutsche Akademiker für eine weltweite Branche auf den Arbeitsmarkt. Entsprechend hoch war die Nachfrage nach diesen Absolventen. Nahezu alle Hersteller dieses typisch deutschen Produkts, bei denen Herr H. sich bewarb, waren interessiert. Und das europaweit. Herr H. hatte die freie Auswahl. Ich machte ihm den Vorschlag, alle interessierten Arbeitgeber aufzufordern Ihre Jobangebote nachzubessern. Das Unternehmen mit dem besten Angebot dürfe dann Herrn H. einstellen.*

Heute ist es nicht mehr entscheidend, ob eine bestimmte berufliche Qualifikation isoliert betrachtet als hochwertig angesehen wird, sondern ob dafür eine Nachfrage auf der Arbeitgeberseite besteht. Und vor allem - welchen Preis man bereit ist in Form eines Gehaltes zu bezahlen.

Je knapper eine spezielle Qualifikation auf dem Arbeitsmarkt zur Verfugung steht, desto höher wird die Nachfrage auf der Arbeitgeberseite sein und desto besser wird die Situation für die entsprechenden Bewerber sein, die solche Fähigkeiten und Kompetenzen anbieten.

1.5.2   Arbeitgebermarkt

Bei dieser Arbeitsmarktkonstellation liegen die Vorteile auf der Arbeitgeberseite. Es gibt mehr Bewerber als freie Arbeitsstellen. Die allgemeinen Einstiegsbedingungen sind entsprechend schlechter als in einem „Bewerbermarkt". Es ist für die Arbeitgeberseite völlig ausreichend, durchschnittliche Gehälter zu zahlen. Zudem muss wenig oder gar keinen Aufwand betrieben werden, um passende Kandidaten anziehen zu können. Hohe Anforderungen können an Bewerberinnen und Bewerber ohne Weiteres gestellt und durchgesetzt werden.

Die Jobsuchenden hingegen sind gezwungen viel Engagement zu zeigen, um sich gegen ihre Konkurrenten durchzusetzen. Bei dieser Arbeitsmarktkonstellation stehen die Bewerber untereinander im Wettbewerb um potenzielle Arbeitgeber. Es gibt sozusagen mehr ‚Produkte' (Arbeitskraft der Bewerber) als potenzielle ‚Käufer' (Arbeitgeber).

Beispiel:

Frau Z. war Übersetzerin für Englisch und Französisch. Sie studierte in einer Region, in der es im Umkreis von nur 70 km gleich drei große etablierte Hochschulen gab. Alle boten unter anderem den gleichen Studiengang an. Hinzu kam eine Vielzahl privater Bildungsträger, die vergleichbare Qualifikationen ausbildeten.

Demnach überfluteten jedes Jahr in einer einzigen Region Hunderte von Absolventinnen und Absolventen den Arbeitsmarkt. Und alle hatten meist die Sprachen Englisch und Französisch gewählt. Das führte dazu, dass es auf der Arbeitgeberseite so gut wie keine Jobangebote mehr gab. Der Arbeitsmarkt der Region war gesättigt. Übersetzungsarbeiten konnten kostengünstig als Auftragsarbeiten ausgeschrieben werden. Das Anbieten von Festanstellungen war zumindest für diese Region nicht mehr notwendig.

Bestimmte Marktkonstellationen müssen nicht flächendeckend für den ganzen Arbeitsmarkt gelten. Ist eine Region mit bestimmten beruflichen Qualifikationen überflutet, ist es unter Umständen überlegenswert, zumindest für die erste akademische Anstellung den einen oder anderen Kompromiss einzugehen:

■ **Finden Jobsuchende einen „Arbeitgebermarkt" vor, ist für den Berufseinstieg eine hohe Mobilität und Flexibilität angeraten.**

Wie hinlänglich erläutert, wird die Notwendigkeit zu Zugeständnissen dann enden, sobald interessante Berufserfahrungen erworben wurden. Aus demografischen Gründen wird sich die Arbeitsmarktsituation für die Mehrzahl aller berufserfahrenen Hochqualifizierten früher oder später in einen komfortablen „Bewerbermarkt" drehen.

Beim Berufseinstieg hingegen, also direkt nach dem Abschluss des Studiums, sehen sich die meisten Hochschulabsolventen noch einem „Arbeitgebermarkt" ausgesetzt. Das Produkt ‚Arbeitskraft' steht dabei unter erhöhtem Konkurrenzdruck.

1.6 Zusammenfassung

Im Vergleich zu den 1980er und 1990er Jahren sind die Arbeitsmarktbedingungen für Hochschulabsolventen etwas schlechter geworden. In der Hauptsache liegen die Ursachen darin, dass sich die heutige Arbeitswelt auf sofort einsetzbare Praxiskenntnisse fokussiert hat. Die Zahl derjenigen Unternehmen, die bereit sind, akademische Berufsanfänger professionell und nachhaltig auf ihren späteren Einsatzbereich einzuarbeiten, ist eher am Sinken.

Zusammengefasst finden Hochschulabsolventen für die Suche nach ihrem Berufseinstieg folgende Rahmenbedingungen vor:

- **Der akademische Titel allein betrachtet, ist nicht mehr der alles entscheidende Faktor. Er wird lediglich als grundlegende Bedingung für eine Anstellung angesehen.**

- **Erste Praxiskenntnisse oder der frühzeitige Kontaktaufbau zu künftigen Arbeitgebern sind heute die maßgeblichen Erfolgsfaktoren für den Berufseinstieg.**

- **Viele langjährig bestehende Gesellschaftswerte werden durch den Einfluss freier Marktmechanismen maßgeblich verändert.**

- **Die Arbeitskraft ist heute als eine Art Produkt aufzufassen, das auf dem Arbeitsmarkt gegen Gehaltszahlung zu verkaufen ist.**

Zeitgemäße Initiativstrategien setzen genau an diesen Punkten an. Die aktuellen Gegebenheiten werden berücksichtigt und im Sinne eines Jobsuchenden genutzt.

Die vermeintlichen Nachteile der heutigen Zeit werden in Vorteile verwandelt. Kommen wir deshalb zum entscheidenden Punkt moderner Bewerbungsstrategien.

Wie hinlänglich erläutert, haben Bewerber ihre Arbeitskraft gegen Gehaltszahlung bzw. gegen sonstige Arbeitskonditionen zu ‚verkaufen'. Verkaufserfolge werden grundsätzlich von der bestehenden Konkurrenzsituation beeinflusst. Herrschen keine ‚eingeschränkten', sondern ‚freie' Marktmechanismen vor, gibt es in der Verkaufsphilosophie zwei grundlegende Erfolgsstrategien:

1. Besser oder billiger sein als die Konkurrenz.

2. Konkurrenzsituationen verhindern.

Erfahrungsgemäß verfolgen die meisten der heutigen Bewerber den ersten Punkt. Viele Berufseinsteiger/innen liefern sich gegenseitig einen harten Konkurrenzkampf. Alle verfolgen mehr oder weniger die gleichen nostalgischen Bewerbungsstrategien. Sie suchen nach Stellenangeboten in Zeitungen und im Internet und pflastern planlos Personalabteilungen mit Bewerbungsunterlagen zu. Das Ergebnis ist, dass sie natürlich alle auf die gleichen Bedingungen bzw. Jobangebote stoßen. Diese Bewerberinnen und Bewerber produzieren förmlich ihren eigenen persönlichen „Arbeitgebermarkt" (Vorteile liegen auf der Arbeitgeberseite). Tapfer versuchen sie sich durchzusetzen.

Sie hingegen sollten sich in der Hauptsache auf den zweiten Punkt möglicher Verkaufsstrategien konzentrieren. In der Privatwirtschaft wird der zweite Punkt dadurch realisiert, dass die Konkurrenz eliminiert wird. Zum Beispiel durch Aufkäufe von Konkurrenten oder durch Preiskämpfe, die das Gegenüber in die Insolvenz treiben. Ebenso werden (unerlaubte) Kartelle und Monopole gebildet und Preisabsprachen getroffen.

Das alles ist natürlich für Jobsuchende nicht möglich. Ihre Mitbewerber sind nun mal da und Sie sollten sie solidarisch respektieren - schließlich sind sie in der gleichen Situation wie Sie. Es gibt allerdings noch einen weiteren (vor allem harmonischen) Weg, sich dem Wettbewerb zu entziehen. Nämlich die Konkurrenz zu eliminieren, indem man ihr zuvorkommt. Das bedeutet, schneller oder als Einziger zu wissen, wo es überhaupt etwas zu verkaufen gibt (Arbeitskraft an Arbeitgeber). Damit hat man die Chance als alleiniger Anbieter auftreten zu können.

Der dafür maßgebliche Faktor wird sein, dass Sie informierter sind als andere. Dadurch kann das übrige Arbeitsangebot an Arbeitgebern durch andere Jobsuchende deutlich reduziert und in einigen Fällen ganz ausgeschaltet werden.

■ **Absolventen/innen können ihren Wettbewerb reduzieren, indem sie über offene Positionen besser informiert sind als andere.**

Aus diesem Grund liegt der Schwerpunkt dieses Ratgebers auf solchen Bewerbungsstrategien, die nicht nur Initiativbewerbungen, sondern auch Techniken zur Informationsgewinnung sowie -verarbeitung beinhalten. Darüber hinaus werden auch Marketing- und Verkaufselemente einfließen, um der heutigen Überbetonung des freien Kräftespiels von Angebot und Nachfrage Rechnung tragen zu können. In der Summe kann der grundsätzliche Wettbewerbsnachteil eines Jobsuchenden, der über keine maßgeblichen Praxiskenntnisse verfügt, mehr als deutlich kompensiert werden.

Zudem fördert der immer stärkere Trend zum ‚verdeckten Stellenmarkt' den Erfolg moderner Initiativstrategien entscheidend. Immer mehr Arbeitgeber erachten es als nicht mehr notwendig, ihre vakanten Stellen für Hochschulabsolventen in Form eines Stellenangebots öffentlich auszuschreiben.

Die Unterscheidung ‚verdeckt' und ‚veröffentlicht' in Bezug auf den Stellenmarkt, ist erst seit wenigen Jahren üblich geworden. Deshalb kann das Ganze noch nicht als allgemeingültig vorausgesetzt werden. Es sind aus diesem Grund noch einige Erläuterungen zum ‚verdeckten Stellenmarkt' angebracht, bevor es mit dem praktischen Teil des Buchs richtig losgehen kann.

2 Der verdeckte Stellenmarkt für Hochschulabsolventen

Unter dem ‚verdeckten Stellemarkt' versteht man die Gesamtheit aller vakanten Arbeitsstellen, die nicht öffentlich ausgeschrieben sind. Sie existieren sozusagen verdeckt. Sie können durch die Arbeitgeber auf andere Weise besetzt werden. Für solche Vakanzen sind keine öffentlichen Stellenangebote vorzufinden.

Demnach wird der heutige Stellenmarkt folgendermaßen untergliedert:

- **Veröffentlichter Stellenmarkt**

- **Verdeckter Stellenmarkt**

Es wird unterschieden zwischen freien Positionen, die für jedermann sichtbar in Zeitungen oder im Internet durch Stellenangebote ausgeschrieben sind und solchen, die der breiten Öffentlichkeit vorenthalten werden.

Laut dem Institut für Arbeitsmarkt- und Berufsforschung (IAB) in Nürnberg beträgt der Anteil verdeckter Stellen weit mehr als 50 Prozent des gesamten Stellenmarkts (je nachdem, welches Jahr untersucht wurde). Dieser Anteil wird auch als ‚grauer Arbeitsmarkt' bezeichnet und ist größer, als so mancher vermutet. In diesen Fällen finden Arbeitgeber geeignete Kandidaten über folgende Wege:

- **Empfehlungen durch die Belegschaft**

- **Bekannte, Freunde, Verwandte**

- **Geschäftskontakte**

- **Initiativbewerbungen**

- **Personalvermittler**

- **Interne Ausschreibungen**

- **Veranstaltungen, Messen, Kongresse**

Es liegt in der Natur der Sache, dass für einen verdeckten Stellenmarkt nur schwer exakte Zahlen erhoben werden können. Das ist auch nicht erforderlich. Werden Stellenangebote in den Online- und Printmedien gesichtet, wird schnell offensichtlich, dass es für Hochschulabsolventen relativ wenig zu finden gibt.

Die Mehrzahl aller Fachleute geht davon aus, dass im Falle von akademischen Einstiegspositionen der Anteil verdeckter Stellen durchaus über achtzig Prozent liegen könnte. Praxiserfahrungen bestätigen diese Einschätzung.

2.1   Ursachen für verdeckte Stellen

Der Trend zum verdeckten Stellenmarkt wird verständlich, wenn aus Arbeitgebersicht die Besetzung freier Stellen betrachtet wird.

Es gibt unterschiedliche Ursachen, warum Arbeitgeber freie Positionen der breiten Öffentlichkeit nicht mehr zugänglich machen. In der Hauptsache sind es folgende:

- **Erhöhte Arbeitsbelastung der Mitarbeiter in Unternehmen bzw. Personalabteilungen.**

- **Bequemlichkeit und Sicherheitsbedürfnis der Beschäftigten auf der Arbeitgeberseite.**

- **Rechtliche Risiken aufgrund des Gleichbehandlungsgesetzes.**

- **Die zunehmende Bedeutung sozialer und beruflicher Netzwerke.**

Die genannten Punkte werden nun einzeln betrachtet.

2.1.1   Erhöhte Arbeitsbelastung

Ein maßgeblicher Faktor ist die fortschreitende Arbeitsbelastung von Mitarbeitern und Führungskräften. Öffentlich ausgeschriebene Stellenangebote kosten Zeit und Mühe. Um dies zu verdeutlichen, wird ein gängiges Personalauswahlverfahren beschrieben.

Es wird angenommen, dass in einem Unternehmen eine freie Position zu besetzen ist. Zunächst muss definiert werden, über welche Abschlüsse, Qualifikationen und sonstigen Fähigkeiten ein potenzieller Kandidat verfügen muss. Es ist eine Stellenbeschreibung anzufertigen. Ein Stelleninserat muss formuliert und gestaltet werden. Der Grafiker bzw. Webdesigner ist zusätzlich einzuweisen. Veröffentlichungstermine müssen gefunden und in Auftrag gegeben werden. Weitere zuarbeitende Mitarbeiter sind notwendig und müssen koordiniert werden. Dann, wenn das Stellenangebot erschienen ist, sind Massen von Bewerbungsunterlagen zu sichten. Zahlreiche Entscheidungen sind zu treffen. Diese sind mit Kollegen, zuständigen Bereichsverantwortlichen und Vorgesetzen zu besprechen und abzustimmen. Vorgehensweisen sind zu rechtfertigen. E-Mails und Telefonate werden notwendig. Bestätigungs-, Absage- und Einladungsschreiben müssen versendet werden. Bei einigen interessanten Bewerbern sind Rückfragen erforderlich. Zahlreiche zeitintensive Einstellungsgespräche müssen geführt werden. Termine sind zu finden und zu koordinieren. Erforderliche Mitarbeiter bzw. Beisitzer werden mit ihrer Arbeitszeit ebenso belastet. Wildfremde Bewerber, mit denen man noch nie zuvor Kontakt hatte, sind in Augenschein zu nehmen und zu bewerten. Risiken sind abzuwägen. Sind Unterlagen und Aussagen der Kandidaten vertrauenswürdig? Weitere Entscheidungen, Gespräche, E-Mails und Telefonate werden erforderlich. Teamsitzungen sind einzuberufen. Und, und, und ...

Versetzen Sie sich nun in die Lage von Mitarbeitern oder Entscheidungsträgern, die manchmal täglich nicht wissen, wie sie das übrige Arbeitspensum erledigen sollen. Für welche Personalauswahlvariante würden Sie sich wohl entscheiden? Für den Fall, in dem bereits ein bekannter Kandidat bzw. ein Kontakt zur Besetzung einer Position vorliegt? Oder die gerade beschriebene Variante, in der das komplette Programm eines Personalauswahlverfahrens aufgrund eines veröffentlichten Stellenangebots durchgezogen werden müsste? Jede Leserin und jeder Leser kann sich diese Frage selbst beantworten.

Betrachtet man die heute oft zu beobachtende erhöhte Arbeitsbelastung, ist es mehr als verständlich, dass Personalverantwortliche manchmal sich selbst, ihrem Team, ihren Vorgesetzten oder Bereichsleitern einreden, dass ein bereits vorliegender und halbwegs passender Kandidat, den man sozusagen schon in der Hinterhand hat (und zwar ohne großen Aufwand), der ideale Bewerber schlechthin ist.

Beispiel:

Herr M. bat um einen Termin zum Thema Initiativbewerbungen. Er wünschte eine professionelle Vorlage für ein Bewerbungsschreiben. Seinen Abschluss hatte er vor einem halben Jahr absolviert. Bisher hatte er keine Stelle gefunden

Er war Bauingenieur und interessierte sich mittlerweile für eine Anstellung bei einem größeren Unternehmen im Bereich Immobilienbetreuung oder Gebäudemanagement. Er hatte auf einer Branchenveranstaltung den Tipp erhalten, dass ein IT-Marktführer für die Betreuung seiner Niederlassungsgebäude eine verantwortliche Position zu vergeben hätte. Der Leiter der entsprechenden Abteilung suchte einen Stellvertreter. Ein Jungakademiker würde bevorzugt werden.

Ich empfahl meinem Kunden zunächst anzurufen, um zu erfahren, wer zuständig sei. Er folgte dem Ratschlag und wurde sogar direkt verbunden. Noch für nachmittags am gleichen Tag erhielt er einen Vorstellungstermin. Das war selbst für mich erstaunlich, zumal das betreffende Unternehmen bekannt dafür war, umfangreiche und professionelle Auswahlverfahren durchzuführen.

Zwei Tage später erhielt ich einen Anruf von Herrn M. Es stellte sich Folgendes heraus: Sein Ansprechpartner, mit dem er zuvor telefoniert hatte, kam mit seiner Arbeit nicht nach. Er schob einen Berg noch zu erledigender Aufgaben vor sich her. Unter anderem sollte er bereits seit sechs Wochen eine Stellenbeschreibung für die neue Position anfertigen und alle weiteren Maßnahmen zur Stellenausschreibung einleiten. Er stand unter Druck, da sich der betreffende Bereichsleiter regelmäßig und ungeduldig meldete, ob er schon geeignete Kandidaten vorschlagen könne. Der besagte Personaler vertröstete ihn immer wieder. Er teilte ihm noch nicht einmal mit, dass er damit noch gar nicht begonnen hatte. Er wusste nur zu gut, dass er auch die nächsten Tage nicht dazu kommen würde.

Und dann rief mein Kunde an. Herr M. hatte den Eindruck, dass sein Ansprechpartner über seinen Anruf mehr als glücklich war. Seine Qualifikationen passten recht gut in das Anforderungsprofil. Mit einem einzigen Ge-

> *spräch konnte der Personaler den ganzen Vorgang noch am gleichen Tag*
> *vom Tisch bekommen, weihte er meinen Kunden ein. Das Vorstellungsge-*
> *spräch dauerte gerade einmal 45 Minuten. Im Anschluss daran nahm der*
> *Personaler Herrn M. direkt zum Bereichsleiter mit. Mein Kunde musste ei-*
> *gentlich gar nichts mehr sagen. Der Personaler verkaufte dem Bereichsleiter*
> *sehr eindrucksvoll, dass Herr M. sicher der richtige Kandidat wäre.*
>
> *In der folgenden Woche wurde der Arbeitsvertrag unterschrieben.*

Der Respekt vieler Arbeitgeber vor einer Flut von Bewerbungsunterlagen fördert ebenso den Trend, offene Stellen nicht mehr zu inserieren. Wird ein gängiges Tätigkeitsprofil ausgeschrieben, ist der Eingang hunderter Bewerbungsunterlagen keine Seltenheit. Verfügt ein Arbeitgeber über keine ausreichende Personaldecke, werden schnell seine administrativen Grenzen erreicht.

Diese Situation wird verschärft, wenn der Arbeitgeber noch kein Jobportal auf seiner Homepage eingerichtet hat, auf die Bewerber zur Onlinebewerbung verwiesen werden können. Unterlagen gehen dann per E-Mail oder als Mappe ein. Der Posteingang wird blockiert, das E-Mail-Konto belastet und Bewerber erscheinen unangekündigt im Unternehmen. Nachdem so eine Situation einmal erlebt wurde, überlegt sich so mancher Arbeitgeber sehr genau, ob er noch einmal für eine Vakanz ein Stellenangebot veröffentlicht.

Selbstverständlich gibt es noch genügend professionelle Unternehmen, in denen die Arbeitsbelastung der Beschäftigten das Normalmaß nicht übersteigt. Solche Arbeitgeber verfügen über die organisatorischen Voraussetzungen, um zahlreiche Bewerbungsunterlagen bearbeiten und viele Personalgespräche führen zu können. Aber auch hier bieten Bewerber, die im Vorfeld bekannt sind, einige Annehmlichkeiten.

2.1.2   Bequemlichkeit und Sicherheitsbedürfnis

Eine typische Frage an Beschäftigte ist heute: „Frau Mustermann, kennen Sie jemanden, der für die Position XY in Frage kommen könnte?" Oft ist es völlig ausreichend, eine zu besetzende Stelle betriebsintern zu kommunizieren. Ist es eine interessante Position, spricht sich das in Windeseile herum. Es gehen nach kurzer Zeit einige Bewerbungsunterlagen ein, obwohl noch kein großer Aufwand betrieben wurde.

Oder ein anderer Fall. Es haben bereits einige Kontakte mit im Vorfeld bekannten Kandidaten stattgefunden. Lediglich ein paar wenige Gesprächstermine sind noch vonnöten. Personal kann auch hier zeitsparender und unbürokratischer eingestellt werden.

Personalabteilungen, Führungskräfte oder sonstige für Einstellungen zuständige Mitarbeiter sind sich sehr wohl bewusst, dass ein umfangreicheres Auswahlverfahren die Chance auf einen qualifizierteren Bewerber erhöhen würde.

Dennoch unterliegen viele dem Reiz, eine freie Position bequem und ohne viel Mühe besetzen zu können. Darüber hinaus wird das Sicherheitsbedürfnis von Entscheidungsträgern befriedigt. Kandidaten, mit denen im Vorfeld einige Male kommuniziert wurde oder die seit Monaten oder Jahren den Kontakt mit dem Unternehmen aufrecht erhalten, bieten eine Art subjektive Sicherheit für einen unter Erfolgsdruck stehenden Entscheidungsträger. Der Bewerber erscheint vertrauenswürdiger.

Liegen sogar persönliche Empfehlungen vor, ist das der Idealfall für jeden Arbeitgeber. Der Bewerber ist besser einschätzbar. Eine zweite Person verbürgt sich für den Kandidaten. Das gibt Sicherheit. Die Wahrscheinlichkeit ist höher, dass dessen Bewerbungsunterlagen und die darin gemachten Angaben glaubhaft sind. Das finanzielle Risiko einer Fehleinstellung kann auch hier reduziert werden.

Zusammengefasst wird festgestellt, dass der Trend zum verdeckten Stellenmarkt durch die immer höher werdende Arbeitsbelastung von Beschäftigten, allgemeine Bequemlichkeiten und das Sicherheitsbedürfnis von Entscheidungsträgern zu begründen ist.

Es gibt allerdings auch Situationen, in denen es sich nahezu verbietet, ein Stellenangebot zu veröffentlichen. Arbeitgeber werden zu besetzende Positionen verdeckt halten, wenn der erforderliche Inhalt eines potenziellen Stellenangebots ein rechtliches Risiko mit sich bringt. Dazu mehr im Folgenden.

2.1.3   Allgemeines Gleichbehandlungsgesetz

Das Allgemeine Gleichbehandlungsgesetz (AGG) wird auch als Antidiskriminierungsgesetz bezeichnet. Es verhindert die Benachteiligungen von Personen aus Gründen der Rasse, der ethnischen Herkunft, des Geschlechts, der Religion oder

Weltanschauung, einer Behinderung, des Alters oder der sexuellen Identität. Jeder Bewerber hat damit Rechtsansprüche gegen Arbeitgeber, wenn diese gegen das gesetzliche Diskriminierungsverbot verstoßen.

Es steht außer Frage, dass diese Gesetzesregelung zwingend notwendig und sinnvoll ist. Leider hat sie in einem Punkt zu einem nachteiligen Effekt geführt. Viele Arbeitgeber scheuen mittlerweile das Risiko, interne Anforderungen in einem öffentlich erscheinenden Stellenangebot zu nennen. Die Privatwirtschaft und die öffentliche Hand sind heute gezwungen, ihre Stellenanforderungen allgemeingültig zu formulieren. So manches Stelleninserat kann demnach nicht mehr zielgenau geschaltet werden. Die Menge unpassender Bewerbungen wäre in diesen Fällen zu hoch. Vor einer Veröffentlichung wird dann Abstand genommen.

Beispiel:

Es rief ein persönlich bekannter Geschäftsführer eines Tiefbauunternehmens an. Seine Personalabteilung suchte eine Bewerberin mit einem betriebswirtschaftlichen Abschluss. Er fragte nach, ob mir jemand einfiele. Falls noch eine Abschlussarbeit notwendig wäre, könne sie in seinem Unternehmen geschrieben werden. Er wäre sogar bereit, eine Vergütung zu bezahlen.

Ich versprach, mich umzuhören. Gleichzeitig fragte ich nach, warum kein Inserat aufgegeben wurde. Interessante BWL-Absolventen gab es in unserer Region mehr als genug.

Der Unternehmer sagte daraufhin: „Wie du weißt, sind wir in der Baubranche tätig. Allerdings zielen wir auf eine zeitgemäße Personalstruktur ab. Wir bevorzugen daher eine weibliche Bewerberin. Das ist eher unüblich in unserer Branche. Weiterhin sollte ihr Alter etwa 25 Jahre sein, da sie in ein Team mit einem sehr jungen Durchschnittsalter eingegliedert wird. Würden wir diese und einige andere Kriterien in eine Stellenanzeige packen, hätten wir das Risiko einer Klage wegen Ungleichbehandlung zu berücksichtigen. Also müssten wir das Ganze allgemein formulieren. Dann wiederum hätten meine Leute einen Berg von mindestens 200 Bewerbungsunterlagen abzuarbeiten, von denen die Masse nicht passen würde. Dafür haben wir keine Zeit."

Jeder Arbeitgeber muss heute höchste Aufmerksamkeit walten lassen, die Vorgaben des Gleichbehandlungsgesetzes zu beachten. Das hat leider zur Reduzierung von veröffentlichten Stellenangeboten beigetragen.

2.1.4   Soziale und berufliche Netzwerke

Die Bedeutung von sozialen und beruflichen Netzwerken in der Arbeitswelt nimmt zu. Die Ursachen liegen sicher auch darin begründet, dass Menschen in dynamischen und unsicheren Zeiten wieder mehr zusammenrücken. Jeder ist sich heute bewusst, dass er seinen Arbeitsplatz jederzeit verlieren könnte. Die Bevölkerung und insbesondere das Gros der Berufstätigen unterstützt und schützt sich gegenseitig wieder im erhöhten Maße.

Die Volksweisheit „Die eine Hand wäscht die andere" findet wieder verstärkt Anwendung. Entscheidungsträger und solche, die zu diesen Personen gute Beziehungen pflegen, fühlen sich immer öfter sozusagen verpflichtet, einen Kandidaten ‚unterbringen' zu müssen. Vielleicht sind sie selbst in der Vergangenheit entsprechend gefördert worden. Eventuell wird es im Gegenzug von ihnen erwartet, weil sie im Vorfeld bestimmte Annehmlichkeiten oder sonstige Vergünstigungen in Anspruch genommen haben. Vielleicht erhoffen sie sich für die Zukunft bestimmte berufliche Vorteile. Oder es sind Familienangehörige, die man schon allein aus emotionalen Gründen bevorzugt.

Es gibt zahlreiche Gründe, warum Verantwortliche einen sanften inneren Druck verspüren, sich für einen bestimmten Kandidaten entscheiden zu müssen, obwohl es geeignetere Bewerber auf dem Arbeitsmarkt gibt.

So manche Leserin und mancher Leser könnte das Ganze als Vetternwirtschaft bezeichnen. Das ist durchaus berechtigt. Selbstverständlich ist diese Entwicklung auch kritisch zu sehen. Sie führt dazu, dass nicht der bessere Kandidat, sondern derjenige mit den besseren Beziehungen die Nase vorne hat. Wird nicht konsequent der qualifizierteste Bewerber bevorzugt, wird das früher oder später zu Qualitätsverlusten im betroffenen Unternehmensbereich führen.

Untersucht man hingegen die persönliche Bevorzugung mancher Kandidaten etwas näher, wird man schnell feststellen, dass auch soziale Einflüsse mit im Spiel sind. Und das ist mehr als menschlich.

Hinterfragen Sie sich doch einmal selbst: Mal angenommen, Sie hätten eine entscheidende berufliche Position inne und einige berufliche Perspektiven zu vergeben. Würden Sie dann nicht ebenso Menschen, die sie mögen oder Verwandte, Bekannte und Familienangehörige bevorzugen? Oder im Gegenzug solche Personen, die Ihnen früher einmal unter die Arme gegriffen haben?

Die zunehmende Bedeutung sozialer und beruflicher Netzwerke wird den Trend, vakante Positionen nicht mehr öffentlich auszuschreiben, weiter verstärken.

2.2   Ausnahmen

Es gibt einige Ausnahmen zum verdeckten Stellenmarkt. In diesen Fällen sind Arbeitgeber gezwungen, freie Positionen zu veröffentlichen. Die Stellenangebote sind in Online- und Printmedien zu finden, wenn sich folgende Konstellationen ergeben:

- **Es herrscht ein „Bewerbermarkt".**

- **Es besteht eine gesetzliche Veröffentlichungspflicht.**

Diese Aspekte werden nun einzeln betrachtet.

2.2.1   Bewerbermarkt

Arbeitgeber müssen immer dann ihre freien Stellen umfangreich ausschreiben, wenn nicht genügend geeignete Kandidaten vorhanden sind. Zum einen kann das folgende Ursache haben:

- **Es werden Qualifikationen gesucht, die zurzeit auf dem Arbeitsmarkt stark nachgefragt und demzufolge schwer zu bekommen sind.**

In diesem Fall herrscht der bereits erläuterte „Bewerbermarkt". Die Vorteile liegen auf der Bewerberseite. Die Vakanzen können von den Arbeitgebern nur schwer besetzt werden. Es muss sozusagen Werbung dafür gemacht werden. Demzufolge sind die Stellenangebote in Zeitungen, Fachzeitschriften, Online-Börsen oder auf sonstigen Internetseiten zu finden.

Ein typisches Beispiel ist der aktuelle Fachkräftemangel. Dabei geht es meist um gewerbliche Berufsabschlüsse im technischen und handwerklichen Bereich. Aber auch pflegerische und soziale Ausbildungsberufe zählen dazu. Auf dem freien Arbeitsmarkt sind solche Arbeitnehmer nur schwer anzuwerben. Arbeitgeber müssen sich entsprechend engagieren, um geeignete Kandidaten zu finden.

Es gibt noch weitere Ursachen dafür, dass Arbeitgeber Personal nicht so einfach finden können, zum Beispiel folgende:

- **Gebotene Gehälter, Arbeitszeiten oder Arbeitsbedingungen sind nicht marktfähig.**

- **Arbeitsorte liegen in einer entlegenen bzw. unattraktiven Region.**

- **Arbeitsangebote haben einen sonstigen ‚Haken‘.**

Leider sind diese drei Punkte die Hauptursachen für veröffentlichte Stellenanzeigen. Setzen Arbeitsangebote keine ausreichenden Anreize für potenzielle Kandidaten, kommen interessante Bewerber natürlich nicht automatisch auf die Arbeitgeber zu. Es besteht sozusagen Desinteresse auf der Bewerberseite. Die Arbeitgeber müssen auch in diesem Fall Marketing betreiben. Die Positionen werden durch Stellenangebote öffentlich präsentiert, um mehr Jobsuchende zu erreichen.

Es gibt noch einen letzten Grund, warum freie Stellen öffentlich ausgeschrieben werden müssen.

2.2.2   Veröffentlichungspflicht

Bestimmte Positionen unterliegen einer gesetzlichen Veröffentlichungspflicht. Das betrifft in der Regel den öffentlichen Dienst oder solche Positionen, die dem öffentlichen Dienst gleichgestellt sind.

Allerdings darf die Tatsache, dass Arbeitgeber gesetzliche Vorgaben einhalten, nicht damit verwechselt werden, dass freie Stellen tatsächlich vorhanden sind.

Beispiel:

Die Agentur für Arbeit finanzierte bei einem privaten Bildungsträger eine Fördermaßnahme für Arbeit suchende Akademiker/innen. Im Teilnehmer-

kreis befand sich eine Germanistin. Der Abschluss ihrer Magisterarbeit lag gerade einmal vier Wochen zurück. Im Rahmen ihrer Initiativaktivitäten telefonierte sie Institute von Universitäten der Region ab. Sie suchte eine wissenschaftliche Mitarbeiterstelle.

Einmal hatte sie eine Dame am Telefon, deren Stimme ihr vertraut war. Es stellte sich heraus, dass es sich um eine ehemalige Schulkameradin handelte. Sie war zwischenzeitlich verheiratet, daher sagte der Teilnehmerin der Nachname ihrer Gesprächspartnerin zu Beginn des Telefonats nichts. Sie hatte Glück und landete einen Treffer. Am Institut war tatsächlich eine freie Stelle zu besetzen. Es wurde eine Absolventin eines geisteswissenschaftlichen Studiums gesucht. Erste PR-Praxiserfahrungen waren erwünscht.

Die Teilnehmerin erfüllte die meisten der Anforderungen und war begeistert. Die Stelle entspräche genau ihren Vorstellungen, sagte sie. Ihre Bekannte lud sie für den kommenden Tag ein, sie am Institut zu besuchen. Dann könne sie gleich ihre Bewerbungsunterlagen abgeben. Das tat sie auch.

Auch bei diesem Termin war das Glück auf der Seite der jungen Germanistin. Der Institutsleiter war gerade anwesend. Und hatte noch dazu Zeit. Er schlug vor, gleich das Vorstellungsgespräch zu führen. Sie unterhielten sich eine knappe Stunde.

Eine Woche später erschien dieselbe Stelle als Inserat in der Tageszeitung. Die Teilnehmerin war tief enttäuscht. Sie rief ihre Bekannte an, warum die Anzeige erschienen sei. Schließlich hätte sie sich doch so große Hoffnungen gemacht, dass sie eine Zusage erhalten würde. Ihre Bekannte entgegnete freundlich, dass sie sie sowieso anrufen wollte. Der Arbeitsvertrag sei fertig und sie könne nächste Woche vorbeikommen. Dann könne sie den Vertrag unterschreiben. Es hätte sich nichts geändert.

Selbst dann, wenn eine Einstiegsposition der Veröffentlichungspflicht unterliegt, sind interessante Vakanzen erfahrungsgemäß oft bereits zum Zeitpunkt der Veröffentlichung zumindest inoffiziell vergeben.

2.3   Fazit für Hochschulabsolventen

Die vorangegangenen Ausführungen zum verdeckten Stellenmarkt werden auf die spezifische Situation von Hochschulabsolventen zusammengefasst.

Wie hinlänglich erläutert, werden Stellenangebote grundsätzlich nur dann umfangreich öffentlich ausgeschrieben, wenn mindestens einer der zwei folgenden Faktoren gegeben ist:

- **Es werden Qualifikationen gesucht, die auf dem Arbeitsmarkt nicht so einfach zur Verfügung stehen.**

- **Es müssen Positionen besetzt werden, die nicht ausreichend attraktiv sind und deshalb auf eine zu geringe Nachfrage auf der Bewerberseite treffen.**

Unter den ersten Punkt fallen Hochschulabsolventen in der Regel nicht. Arbeitgeber verstehen unter dem Begriff ‚Qualifikation‘ eher Praxiskenntnisse. Es liegt in der Natur der Dinge, dass die Masse der Absolventen damit nicht aufwarten kann.

Weiterhin setzt der vorliegende Ratgeber voraus, dass unattraktive Einstiegspositionen nicht erwünscht sind. Solche veröffentlichte Stellenangebote stellen keine echten Chancen dar. Niemand will sie haben. Damit kann der zweite Punkt für Absolventen ebenso unberücksichtigt bleiben.

Dennoch gibt es bestimmte akademische Berufseinsteiger, die auf dem Arbeitsmarkt nachgefragt sind, obwohl sie über keine Berufspraxis verfügen. Das betrifft Studiengänge bzw. Fachrichtungen, die zurzeit begehrt sind. Dabei geht es in der Hauptsache um technikorientierte und einige naturwissenschaftliche Abschlüsse. In diesen Fällen ist es allerdings üblich geworden, dass interessierte Arbeitgeber an den entsprechenden Hochschulen frühzeitig präsent sind. Sie sind sozusagen vor Ort und arbeiten mit den Universitäten zusammen. Dadurch können akademische Talente frühzeitig gesichtet, gefördert und rekrutiert werden. Entsprechende Einstiegsangebote sind die logische Konsequenz. Aber auch in diesen Fällen sind öffentliche Stelleninserate nicht unbedingt erforderlich.

Alle genannten Konstellationen, in denen Arbeitgeber ihre vakanten Stellen öffentlich ausschreiben müssen, betreffen die Mehrzahl der Leserinnen und Leser dieses Ratgebers nicht.

Natürlich muss nicht betont werden, dass jede noch so kleine Chance wahrzunehmen ist. Der veröffentlichte Stellenmarkt ist natürlich regelmäßig zu sichten. Dennoch wird abschließend festgestellt:

- **Für Arbeitgeber gibt es keinen maßgeblichen Anlass, interessante Einstiegspositionen öffentlich auszuschreiben.**

- **Der verdeckte Stellenmarkt spielt für Hochschulabsolventen die alles entscheidende Rolle.**

Deshalb wird im Folgenden auf den veröffentlichten Stellenmarkt nicht näher eingegangen. Die nächsten Kapitel widmen sich dem praktischen Teil der Initiativstrategien.

3   Initiativbewerbungen und zeitgemäße Strategien

Es stellt sich die Frage, wie Sie sich auf freie Einstiegspositionen bewerben können, obwohl sie in Printmedien oder im Internet nicht zu finden sind.

In der Vergangenheit konnte diese Problematik mit sogenannten Blindbewerbungen gelöst werden. Mittlerweile nennt man sie Initiativbewerbungen. Ungefragt wurden Bewerbungsunterlagen an potenzielle Unternehmen gesandt. Dies war vor einigen Jahren eine Erfolg versprechende Strategie.

Auch für die Arbeitgeberseite war das anfänglich sehr komfortabel. Man brauchte keinen Aufwand zur Stellenausschreibung betreiben. Initiative Kandidaten kamen von selbst auf die Personalabteilungen zu.

Leider haben sich die Vorteile dieser Bewerbungsstrategie mittlerweile ins Gegenteil verkehrt. Es gibt heute zahlreiche Bewerber, die Hunderte von Bewerbungsunterlagen erstellen und pauschal alle möglichen Personalabteilungen damit förmlich zupflastern. Das hat dazu geführt, dass es heute Großkonzerne gibt, die über tausend Bewerbungen pro Tag erhalten. Sie haben richtig gelesen: pro Tag!

Auch, wenn bei unbekannteren Unternehmen diese gewaltige Zahl deutlich geringer ausfallen dürfte – die Bearbeitung einer Flut von Unterlagen und Daten möchten sich immer weniger Personalabteilungen leisten. Die Fälle, in denen Arbeitgeber auf Initiativbewerbungen überhaupt nicht mehr reagieren, häufen sich zurzeit auffällig.

Der unaufgeforderte und planlose Versand von Bewerbungsunterlagen beinhaltet einen weiteren maßgeblichen Nachteil. Auch wenn Sie sich bei einem Unternehmen bewerben sollten, das noch über großzügige Personalstrukturen verfügt, können Sie niemals sicherstellen, dass Sie den richtigen Bewerbungszeitpunkt treffen. Ist gerade keine Position vakant, sind Sie darauf angewiesen, dass die Erfassung von Bewerberdaten auf der Gegenseite professionell organisiert ist. Nur so können Ihre Unterlagen wieder ins Spiel kommen, falls sich zu einem späteren Zeitpunkt etwas ergeben würde. Nur geschieht das leider in den wenigsten Fällen. Ihnen wird vielleicht mitgeteilt, dass man sich wieder zu einem späteren

Zeitpunkt melden würde, allerdings hören Sie meist nie mehr etwas vom betreffenden Arbeitgeber.

Der Hintergrund ist der, dass das Sichten alter Bewerberdaten nicht nur zeitraubend, sondern insbesondere ineffektiv ist. Ein Personaler läuft dabei immer Gefahr, sich mit Kandidaten zu beschäftigen, die zwischenzeitlich einen Job gefunden haben und nicht mehr zur Verfügung stehen.

Obwohl es sicher einige Ausnahmen gibt, beschäftigt man sich in der Praxis eher mit aktuellen Bewerbungen. Demzufolge treffen Sie mit dem unaufgeforderten Versand von Unterlagen so gut wie immer den falschen Zeitpunkt. Um diese Problematik zu lösen, könnten Sie natürlich alle drei Monate Ihre Bewerbungsunterlagen immer wieder an dasselbe Unternehmen senden. Die Frage, ob das clever ist, können Sie sich sicher selbst beantworten.

Jetzt stecken Sie in einer Zwickmühle. Auf der einen Seite werden die meisten Einstiegspositionen nicht veröffentlicht und auf der anderen Seite sind die üblichen Initiativbewerbungen wenig zielführend. Was ist die Lösung?

Ganz einfach – Sie fragen den betreffenden Arbeitgeber vorab, wie er es denn gerne haben möchte:

■ **Erkundigen Sie sich im Vorfeld bei potenziellen Arbeitgebern, ob und wann eine Bewerbung sinnvoll ist.**

Um sich bei jemandem erkundigen zu können, müssen Sie ihn zunächst kennen. Das heißt, Sie haben denjenigen Teil des Arbeitsmarkts, der Sie betrifft, in Augenschein zu nehmen. Welche Arbeitgeber kommen für Ihren Berufseinstieg in Frage? Welche Zielgruppe oder Branche streben Sie an? Welche Unternehmen, Institutionen oder sonstigen Einrichtungen zählen dazu?

■ **Recherchieren Sie zuallererst Ihre Arbeitgeberzielgruppe.**

Das bedeutet, dass Sie die infrage kommenden Arbeitgeber zunächst ausfindig machen müssen. Demzufolge ist zunächst eine Recherchephase notwendig, bevor Sie weitere Schritte gehen können. Im Anschluss daran müssen Sie sich dort informieren, ob und wann eine Bewerbung zweckmäßig bzw. ob eine freie Stelle zu besetzen ist.

Auf die Recherche von Arbeitgebern folgt also eine Informationsphase. In der Summe heißt das:

- **Sie schalten Ihrer Bewerbungsphase eine Recherche- und Informationsphase vor.**

Als Ergebnis dieser Vorgehensweise werden Sie verdeckte Einstiegspositionen finden. Zudem werden Sie im Vorfeld das o.k. für Ihre Bewerbung erhalten. Sie kennen dann Ihren zuständigen Ansprechpartner und können ihn schon im Bewerbungsanschreiben bei der Anrede direkt ansprechen. Ihre Unterlagen werden erwartet. Sie kennen den gewünschten Versandweg und haben den richtigen Zeitpunkt getroffen.

Solche Bewerbungen sind dann tatsächlich sinnvoll und vor allem hoch effektiv. Mit hoher Wahrscheinlichkeit sind Sie dann nur eine oder einer von sehr wenigen Jobsuchenden, die diese Strategie verfolgt haben. Damit sind Sie informierter als alle anderen Bewerber. Sie pflastern keine Arbeitgeber ungefragt mit Unterlagen zu. Sie weigern sich, das Risiko einzugehen, dass Ihre Bewerbungsunterlagen in der Masse untergehen und keine Berücksichtigung finden. Sie verfolgen nicht das Prinzip ‚Hoffnung‘. Sie selbst stellen sicher, dass Ihre Bewerbung Beachtung findet.

Zusammenfassend betrachtet, haben Sie also einige Phasen zu durchlaufen, bevor Sie sich bewerben können. Sie folgen einem bestimmten Ablaufplan für die Suche Ihres Berufseinstiegs. Sie wenden eine professionelle Strategie an: Ein Gesamtkonzept, das aus mehreren Aktivitätsphasen aufgebaut ist. Inklusive notwendiger Vor- und Nacharbeiten ist es folgendermaßen strukturiert:

1. **Vorbereitungsphase**

2. **Recherchephase**

3. **Informationsphase**

4. **Bewerbungsphase**

5. **Nachbereitungsphase**

Schritt für Schritt nähern Sie sich so Ihrer ersten akademischen Anstellung. Als Ergebnis werden Sie nicht nur Ihren Berufseinstieg geschafft haben, sondern gleichzeitig, sozusagen als Nebeneffekt dieser Vorgehensweise, eine erste berufliche Datenbank mit Ihrer Arbeitgeberzielgruppe aufgebaut haben. Damit werden Sie auch alle künftigen ‚Geldgeber' für Ihre berufliche Laufbahn kennen. Eine unbedingt notwendige Voraussetzung für alle weiteren Karrieresprünge

Es werden nun die notwendigen Aktivitäten innerhalb der verschiedenen Phasen näher erläutert. Die einzelnen Phasen bauen zwar grundsätzlich aufeinander auf. Dennoch können in einigen Situationen die Aktivitätsziele mehrerer Phasen in die Praxis zeitgleich umgesetzt werden. Um allerdings die Übersichtlichkeit des Gesamtkonzepts wahren zu können, werden alle Phasen in einer chronologischen Abfolge betrachtet und nacheinander erläutert.

Es wird nun mit der ersten Phase gestartet.

3.1   Vorbereitungsphase

Bevor Sie richtig losgelegen können, sind noch einige wichtige Vorarbeiten zu erledigen. Sie müssen sich zunächst überlegen (falls nicht bereits geschehen), welches Aufgabengebiet und welche Branche für Sie in Frage kommen. Gleichzeitig sollten Sie sich bewusst machen, was Sie im Gegenzug der Arbeitgeberseite zu bieten haben. Zusätzlich sind Ihre Bewerbungsunterlagen auf den neuesten Stand zu bringen. Einige administrative Vorkehrungen sind im Vorfeld ebenso notwendig.

In der Übersicht stellen sich die Aktivitäten in der Vorbereitungsphase folgendermaßen dar:

- **Erste berufliche Orientierung**

- **Selbstanalyse**

- **Optimierung der Bewerbungsunterlagen**

- **Administrative und zeitliche Planung anstehender Aktivitäten**

Jedem Punkt wird ein eigenes Unterkapitel gewidmet.

3.1.1   Erste berufliche Orientierung

Die erste Frage, die Sie sich stellen sollten, lautet: „Wohin soll eigentlich meine berufliche Reise gehen?"

Die Antworten werden in der Hauptsache durch die gewählte Fachrichtung bzw. von den spezifischen Inhalten Ihres Studiums geprägt sein. Vielleicht haben Sie auch schon erste Praxiskenntnisse vor, neben oder im Rahmen Ihrer Studienzeit vorzuweisen. Diese Faktoren sind dann ebenso bei Ihren Überlegungen mit einzubeziehen.

Viele Absolventen wissen schon frühzeitig, was sie möchten. Andere wiederum lassen sich noch einiges offen, weil unter Umständen verschiedene Aufgabengebiete vorstellbar sind. Beides ist möglich.

An dieser Stelle ist eine Zieldefinition, die explizit konkretisiert ist, noch nicht zwingend erforderlich. Im Rahmen des hier vorgestellten Gesamtkonzepts werden Sie mit einer Vielzahl von Ansprechpartnern, Informationen und neuen Fakten in Berührung kommen. Es werden sich neue Gesichtspunkte ergeben. Erfahrungsgemäß werden sich Ihre beruflichen Vorstellungen dann einige Male leicht verschieben. Sie brauchen sich demzufolge nicht zu früh auf einen ganz bestimmten Bereich zu versteifen. Eine erste grobe Zielrichtung ist daher zum jetzigen Zeitpunkt völlig in Ordnung.

Folgende Fragen können Sie deshalb durchaus spontan beantworten:

- **In welchem Aufgabenbereich möchte ich tätig sein?**

- **Bevorzuge ich eine bestimmte Branche?**

Haben Sie Ihre Wünsche in Sachen Branche und Tätigkeitsbereich grob umrissen, können Sie sich im Anschluss Gedanken machen, welche Art von Arbeitgeber dafür infrage kommen könnte. Dazu werden Ihnen nun einige kurz gefasste Orientierungshilfen geboten. Es werden keine tiefgreifenden Branchen- oder Marktanalysen sein. Die nun folgenden Ausführungen sollen lediglich als erste Inspiration verstanden werden.

3.1.1.1   Markenname oder No-Name?

Wünschen Sie als ersten Arbeitgeber ein großes, etabliertes und allgemein bekanntes Unternehmen? Oder spielt der Bekanntheitsgrad für Sie eher eine untergeordnete Rolle?

Um diese Fragen beantworten zu können, ist nochmals das Prinzip des Wettbewerbs ins Gedächtnis zu rufen. Sie erinnern sich: Sie möchten Ihre Arbeitskraft auf dem Arbeitsmarkt gegen eine monatliche Gehaltszahlung verkaufen. Je mehr Mitbewerber, das heißt je größer die Anzahl der Jobsuchenden für eine Einstiegsposition ist, desto größer ist Ihre Konkurrenz, desto schlechter ist Ihre Wettbewerbssituation.

Insbesondere im B2B-Bereich (Business to Business) gibt es viele erfolgreiche Unternehmen, die durchaus für einen Berufseinstig infrage kommen könnten. Diese sind der Allgemeinheit eher unbekannt. In diesen Fällen ist aus Ihrer Sicht die Wettbewerbssituation komfortabler. Dennoch stürzen sich die meisten Bewerber eher auf die gängigen Markennamen.

Selbst Berufstätige, die den Job wechseln möchten, bevorzugen die allgemein bekannten Großkonzerne. Sicher sind die Hintergründe darin zu suchen, dass mit dem Bekanntheitsgrad Sicherheit und Erfolg assoziiert werden. Aus der Sicht von Arbeitnehmern stellt sich die Situation allerdings völlig anders dar.

‚Mercedes Benz, Nestle, Nike, Siemens, SAP, Semperit, UBS und Co.' laufen niemals Gefahr, dass ihnen hochqualifizierte Mitarbeiter ausgehen. Entsprechend hoch ist der Konkurrenzkampf. Karriereperspektiven verhalten sich in gleicher Weise.

Falls auch Sie eine ‚tolle Marke' als Arbeitgeber anstreben, bedenken Sie bitte dabei, dass das sicher seinen Preis haben wird. Die überzogen hohe Anspruchshaltung an Bewerber kann problemlos durchgesetzt werden. Schließlich gibt es genug personelle Alternativen („Arbeitgebermarkt"). In diesem Fall sollte Ihr Kampfgeist entsprechend ausgeprägt sein. Schließlich stehen Sie dabei in Konkurrenz mit einer enormen Zahl anderer Hochschulabsolventen.

3.1.1.2   Mittelstand oder Großkonzern?

Der Vorteil der Unternehmensgröße ist heute in einigen Branchen zu einem Nachteil mutiert. Unternehmenskolosse sind durch Börsennotierung und ihre meist zu hohe Aktienbesitzstreuung nicht nur Angriffsziele feindlicher Übernahmen, sondern für dynamische und globalisierte Marktbedingungen zu schwerfällig geworden. Ständige Unternehmenszukäufe, Spartenverkäufe, Umstrukturierungen, Führungsfluktuation sowie permanente Rationalisierungsprojekte etc. sind typische Indizien dafür.

Nichtsdestotrotz bieten Großkonzerne für Absolventen einige Vorteile. Sie machen sich als erste Station im Lebenslauf nicht nur sehr gut, sondern verfügen meist über die für Berufseinsteiger erforderlichen internen Strukturen. Hochschulabsolventen können optimal an ihre künftigen Aufgabengebiete herangeführt werden. Zudem sind solche Unternehmen strategisch meist als Global Player aufgestellt. Damit sind sie für solche Bewerber prädestiniert, die eher an international orientierten Karrieren interessiert sind. Heimische Perspektiven bieten sie immer seltener.

Die heute erfolgreichsten Arbeitgeber sind jedoch hochspezialisierte kleinere bis mittelständische Unternehmen. Künftig werden sie sicher die Hauptzielgruppe politischer Unterstützungsmaßnahmen sein. Solche Unternehmen stellen in Europa mehr als Zweidrittel aller Arbeitsplätze zur Verfügung. Demnach sind sie für die jeweiligen Volkswirtschaften von maßgeblicher Bedeutung. Ihnen allein gehört die Zukunft. Beweglich und innovativ können sie auf dynamische Märkte reagieren. Sie sind die Eckpfeiler des europäischen Arbeitsmarkts.

In mittelständischen Unternehmen ist jeder Arbeitsplatz nicht nur direkter mit dem Kunden, sondern verstärkt mit unternehmerischem Denken und Handeln konfrontiert. Alle Beschäftigten sind sozusagen näher an der Unternehmensführung angesiedelt. Entsprechend nimmt die Qualität der Arbeitsergebnisse eines jeden Mitarbeiters einen höheren Stellenwert ein.

Es ist im Übrigen auffällig, dass inhabergeführte Arbeitgeber nachhaltigeren Erfolg und fairere Arbeitsbedingungen bieten als Unternehmen, bei denen der Shareholder-Value der maßgebliche Einflussfaktor ist. Steht zudem in der Öffentlichkeit eine bestimmte Unternehmerpersönlichkeit im Vordergrund, ist das erfahrungsgemäß immer ein gutes Omen dafür, dass für Mitarbeiter die beruflichen Bedingungen vorteilhaft sind.

Mittelständler sollten für Sie nur dann eine Zielgruppe sein, wenn Sie eine ausgeprägte Leistungsbereitschaft und Motivation mitbringen. Zusätzlich ist meist Pio-
nier- und Improvisationsarbeit gefordert. Als Gegenleistung können sehr wertvolle und hochspezialisierte Praxiskenntnisse erworben werden. Ihr berufliches Profil gewinnt schneller an einzigartiger Qualität. Diese Tatsache ist ein ideales
Sprungbrett für eine weitere erfolgreiche Karriere.

3.1.1.3   Zeitgeist oder traditionell?

Auch bei dieser Fragestellung ist das Hauptaugenmerk auf die Marktmechanismen für das ‚Produkt Arbeitskraft' zu richten. Branchen oder Unternehmen, die
gerade in Mode sind bzw. dem allgemeinen Zeitgeist entsprechen, sind bei Beschäftigten und Bewerbern im besonderen Maße beliebt und entsprechend nachgefragt („Arbeitgebermarkt"). Demzufolge muss mehr Bewerbungsaufwand betrieben und im anschließenden Arbeitsalltag höheres Engagement gezeigt werden.

Ein typisches Beispiel ist die Medienbranche. Dabei sind Fernsehanstalten, Radio-
sender, angesagte Internetfirmen, Verlage und Werbeagenturen besonders her-
auszustellen. Junge-Mode-Produzenten sowie die Fitness- und Sportszene zählen
ebenso hinzu. Solche Unternehmen sind gegenüber ihren Mitarbeitern in einer
machtvollen und komfortablen Position. Diese Arbeitgeberzielgruppe genießt
einen enormen Ansturm von Bewerbern und Bewerberinnen. Viele gehaltsfrei
arbeitende Praktikantinnen und Praktikanten, Mini-Jobber sowie schlecht bezahlte
Freelancer sind die logische Folge davon. Das ‚Produkt Arbeitskraft' steht hier
unter erheblichem Konkurrenzdruck. Die Arbeitgeber können sozusagen aus dem
Vollen schöpfen. Jede noch so schlechte Einstiegsposition kann problemlos mit
willigen und anspruchslosen Kandidaten besetzt werden. Echte Karriereperspektiven eröffnen sich nur für diejenigen, die über erstklassige Beziehungen oder
außergewöhnliches Talent verfügen.

Selbstverständlich können harte Arbeitsmarktbedingungen als Herausforderung
angesehen werden. Wichtig dabei ist, dass Sie für ‚Zeitgeist-Arbeitgeber' eine
gehörige Portion Kompromissbereitschaft und vor allem Zähigkeit mitbringen
sollten. Dies gilt insbesondere für die Bewerbungsphase.

Je populärer das Unternehmen bzw. die Branche ist, desto mehr wird Ihnen ab-
verlangt werden. Erheblicher Einsatz ist vonnöten, um sich durchsetzen zu kön-

nen. Als Belohnung erhalten Sie Arbeitsspaß. Sie werden in einer abwechslungs-
reichen, jugendlichen und zugleich imageträchtigen Arbeitsszene tätig sein.

3.1.1.4   Privatwirtschaft oder öffentliche Hand?

Ging es um das Thema ‚Karriereperspektiven', wurde noch vor wenigen Jahren
die öffentliche Hand als Arbeitgeber müde belächelt. Im Zeitalter unsicherer Arbeitsplätze erfreuen sich diese Beschäftigungsverhältnisse, zumindest bei konser-
vativen Absolventen, höchster Beliebtheit.

Zuallererst soll die Hochschullehre sowie die Grundlagenforschung genannt werden. Diese Arbeitsplätze waren in der Vergangenheit oft Bestandteil des öffentlichen Dienstes bzw. waren entsprechend gleichgestellt. Heute gelten sie eher als
Mischform von Privatwirtschaft und öffentlicher Hand. Viele Forschungstätigkei-
ten und Hochschulplanstellen sind heute mit privatwirtschaftlichen Projekten und
Budgets gekoppelt. Entsprechende Rahmenbedingungen, wie beispielsweise höhere Anforderungskriterien und zeitliche Begrenzungen der Anstellungsverhält-
nisse sind die Folge davon (je nach Budget und Projektdauer). Dennoch genießen
solche Anstellungen höchstes gesellschaftliches Ansehen. Für die Hochschulszene
oder die Grundlagenforschung benötigen Sie allerdings erstklassige Kontakte. In
diesem Bereich sind hervorragende Referenzen und Empfehlungen ein Muss.

Positionen des öffentlichen Dienstes, die in der Nähe von Ministerien, Parlamen-
ten, diplomatischen Institutionen oder grundsätzlich nahe der Politik angesiedelt
sind, bieten hervorragende Rahmenbedingungen. Die Mitarbeiterzahl wächst
permanent. Gute Einstiegskonditionen sowie die stete Verbesserung dergleichen,
erinnern an die Zeiten des unbegrenzten Wirtschaftswachstums.

Je näher eine Einstiegsposition hierarchisch an maßgeblichen Amtsinhabern oder
der internationalen Diplomatie angesiedelt ist, desto besser die Konditionen und
Perspektiven. Allerdings sind dabei nahezu geschlossene und langjährig bestehende
Netzwerke zu beobachten. Vieles wird über Beziehungen, sozusagen unter der
Hand, geregelt. Väter, Mütter, Großeltern und Verwandte, die Ämter innehaben,
bringen so ihre Kinder, Enkel, Nichten und Neffen unter. Sogenannten außenste-
henden Bewerbern wird nur selten der Zugang zu solchen Einstiegspositionen gewährt. Je weiter eine freie Stelle des öffentlichen Dienstes von der politischen Macht
entfernt ist, desto eher finden Sie auch ohne maßgebliche Kontakte den Zugang.

Aber auch Lehrerstellen gelten wieder als attraktiver Berufseinstieg, da sich mittlerweile die ehemals besseren Einstiegskonditionen der Privatwirtschaft nach
unten auf das etwas geringere Niveau des öffentlichen Dienstes angeglichen haben. In vielen Ländern werden auch akademische Quereinsteiger, die nicht über
ein spezifisches Lehramtstudium verfügen, für solche Einstiegspositionen zugelassen.

Abschließend kann festgestellt werden, dass für Absolventen, die Sicherheit,
Nachhaltigkeit und automatisierte (allerdings langsame) Gehaltssteigerungen
sowie eine (noch) großzügige staatliche Pension bevorzugen, der öffentliche
Dienst durchaus eine Alternative sein kann. Es ist allerdings zu berücksichtigen,
dass man sich dabei meist auf einer Einbahnstraße befindet. Der spätere Wechsel
in die Privatwirtschaft ist erfahrungsgemäß eher schwer zu realisieren.

Für Bewerber, die allerdings eher eine schnelle Karriere, Leistungsorientierung
und eine höhere Gehaltsdynamik bevorzugen, gibt es zur Privatwirtschaft keine
Alternative.

3.1.1.5   Personalvermittler oder Direkteinstieg?

Die Frage, ob Hochschulabsolventen Personalvermittler in Anspruch nehmen
sollten, dürfte sich eigentlich nicht stellen. Dennoch wird kurz darauf eingegangen, da insbesondere Headhunter bzw. Personalberater solche Vakanzen anbieten,
die dem verdeckten Stellenmarkt zugerechnet werden.

Es gibt für ein Unternehmen letztendlich nur zwei seriöse Gründe, einen Personalvermittler zu beauftragen. Entweder es geht um die Besetzung einer Spitzenposition
und das Ganze soll vor der Konkurrenz geheim gehalten werden oder es sind bestimmte Praxiskenntnisse notwendig, die auf dem Arbeitsmarkt nicht so einfach zu
bekommen sind. In beiden Fällen müssen Beschäftigte bei anderen Unternehmen
abgeworben werden. Diese Arbeit ist dann von Headhunter gegen eine entsprechende Provision zu erledigen. Beide Fälle betreffen Berufseinsteiger nicht.

Es könnte trotzdem passieren, dass sich ein Personaldienstleister bzw. ein Headhunter für Sie interessiert. Fühlen Sie sich nicht zu sehr geschmeichelt. Seien Sie
stattdessen wachsam und kritisch. Zum Leidwesen der etablierten und professionellen Firmen ist die Personaldienstleistungsbranche heute mit einigen zwielichti-
gen Anbietern durchsetzt.

Meist geht es dabei nur um Zeitarbeit, schlechte Konditionen oder sonstige Stellen, die von Arbeitgebern nur schwer zu besetzen sind, weil sie irgendeinen ‚Haken' haben.

3.1.1.6   Zusammenfassung

Grundsätzlich haben Sie drei Möglichkeiten, um sich zu orientieren. Diese werden von Ihrem Studiengang abhängig sein. Entweder Sie streben einen bestimmten Tätigkeitsbereich oder eine spezielle Branche an. Oder sie kombinieren beides, das heißt ein spezielles Aufgabengebiet in einer festgelegten Branche.

So kann beispielsweise ein betriebswirtschaftlicher Hochschulabschluss nahezu in jedem Unternehmen eingesetzt werden. In diesem Fall ist es natürlich nicht zwingend erforderlich, sich auf eine bestimmte Branche zu fokussieren. Dann wäre eine regionale Eingrenzung zweckmäßig. Hingegen muss ein Akademiker, der beispielsweise Maschinenbau studiert hat, eher branchenorientiert denken.

Sie sollten zunächst ein aus Ihrer Sicht naheliegendes Ideal anstreben. Sie beginnen mit einer bevorzugten Branche, Unternehmensart, Region und einem bestimmten Tätigkeitsbereich. Wie eingangs schon erwähnt, müssen Sie sich zwar festlegen, allerdings nur weitläufig. In der Summe ist nun Folgendes zu tun:

- **Legen Sie einen Tätigkeitsbereich fest, den Sie anstreben möchten.**

- **Falls es möglich bzw. gewünscht ist, grenzen Sie eine bestimmte Branche ein.**

- **Falls kein überregionaler oder internationaler Berufseinstieg gesucht wird, legen Sie eine bestimmte Region fest.**

- **Benennen Sie die Art der potenziellen Arbeitgeber.**

Hierzu können Sie sich auf dem entsprechenden Arbeitsblatt im zweiten Teil dieses Buchs einige Notizen machen. Falls Sie zu diesem Zeitpunkt auf die vorstehenden Fragen noch keine für Sie zufriedenstellenden Antworten finden, warten Sie einfach das nächste Kapitel ab. Es gibt einen weiteren Weg, um sich darüber klar zu werden, wohin die berufliche Reise gehen soll.

Sie können sich beispielsweise zuallererst bewusst werden, was Sie momentan potenziellen Arbeitgebern zu bieten haben. Daraus resultiert eine logisch vorgegebene Zielrichtung. Sie verfügen schon jetzt über ein berufliches Profil. Vielleicht bieten Sie einiges mehr, als Sie bisher angenommen haben. Die Kenntnis darüber wird nicht nur Ihre Selbsteinschätzung und Zielbestimmung verbessern, sondern Ihr Selbstbewusstsein deutlich erhöhen. Eine kurze Selbstanalyse ist deshalb durchaus zweckmäßig.

3.1.2   Selbstanalyse

Es werden nun Ihre Stärken, Fähigkeiten und Kompetenzen analysiert. Als Ergebnis wird ein ‚berufliches Profil' entstehen: die Gesamtheit aller beruflichen Vorzüge, die Sie einem Arbeitgeber zur Verfügung stellen können. Grundsätzlich bieten Sie sachliche und charakterliche Vorteile, die sogenannten Hardskills und Softskills. Sie werden später aus Ihren Bewerbungsunterlagen (Ihrem Verkaufsprospekt in eigener Sache) ersichtlich sein.

Zunächst wird der fachliche Teil Ihres beruflichen Profils betrachtet.

3.1.2.1   Hardskills

Zum fachlichen Teil Ihres Profils zählt in der Hauptsache Ihre akademische Qualifikation. Das wird durch Ihren Titel bzw. Abschluss dokumentiert. Darüber hinaus haben Sie vielleicht noch zusätzliche Kenntnisse erworben.

Legen Sie bei der nun anstehenden Analyse einen Schwerpunkt darauf, was Sie von anderen Akademikern vergleichbarer Qualifikation unterscheiden könnte. Eventuell hatten Sie mit einigen fachlichen Besonderheiten an Ihrer Hochschule zu tun? Oder Sie waren neben oder vor Ihrem Studium aktiv und konnten sich so weitere Fähigkeiten aneignen? Vielleicht kamen Sie schon mit dem Arbeitsalltag in Berührung und konnten erste Praxiserfahrungen sammeln? Diese Fragen sind nun näher zu untersuchen.

Es wird nun mit dem ersten Schritt der Analyse begonnen: Betrachten Sie zunächst Ihren aktuellen Status bzw. den Zeitraum Ihres Studiums. Danach gehen Sie Jahr für Jahr zurück, bis Sie bei Ihrer Schulbildung angelangt sind. Es ist dabei ausreichend, dass Sie lediglich die einzelnen Stationen Ihres Lebenslaufs auflisten. Sie brauchen jetzt noch nichts großartig zu bewerten.

Stellen Sie sich dabei nur eine einzige Frage:

■ **Wann und wo habe ich was gemacht bzw. absolviert?**

Als Ideengeber wird Ihnen folgende Liste helfen. Notieren Sie sich gleichzeitig die Monats- und Jahreszahlen. Im Übrigen finden Sie wieder im „Teil B" entsprechende Arbeitsblätter vor. Dort können Sie sich die entsprechenden Ergebnisse erarbeiten.

1. Studium:

■ **Abschlüsse an Hochschulen oder sonstigen Bildungsträgern?**

■ **Besonderheiten, außergewöhnliche Schwerpunkte oder sonstige Vertiefungen während des Studiums?**

■ **Abschlussarbeit?**

■ **Sonstige schriftliche Ausarbeitungen?**

■ **Teilnahmen an Planspielen oder Förderprojekten der Privatwirtschaft oder der öffentlichen Hand?**

■ **Mitarbeit an sonstigen Projekten an der Hochschule?**

■ **Freiwillige Zusatzkurse oder außergewöhnliche Seminare?**

■ **Auszeichnungen oder herausragende Noten?**

■ **Zusammenarbeit mit berufsspezifischen Prominenten?**

2. Berufspraxis vor, neben oder im Rahmen des Studiums:

■ **Praktika?**

■ **Ferien- und Nebenjobs?**

■ **Berufsausbildung und Praxissemester?**

■ **Sonstige Aktivitäten in der Arbeitswelt?**

3. Schulbildung:

■ **Abschlüsse?**

■ **Mitarbeit an schulischen Projekten?**

■ **Auszeichnungen oder herausragende Noten?**

4. Sonstige Fähigkeiten und Kompetenzen:

■ **Ehrenamtliche und gemeinnützige Tätigkeiten?**

■ **Sonstige Aktivitäten in Vereinen, Interessensgruppen, Verbänden oder Ähnliches?**

■ **Berufsrelevante Hobbys?**

■ **Längere Auslandsaufenthalte?**

■ **Sonstige Fort- und Weiterbildungen?**

Sind Sie damit fertig, liegt Ihnen erst einmal das Gerüst Ihres Lebenslaufs vor. Als zweiten Schritt sind die notierten Punkte praxisorientiert zu bewerten.

Bevor Sie fortfahren, sollten Sie kurz innehalten: Setzen Sie sich bei dem nun folgenden Analyseschritt nicht zu sehr unter Druck. Sie sind ein frisch gebackener Hochschulabsolvent (bzw. auf dem Weg dorthin). Natürlich erwartet niemand von Ihnen, dass Sie schon jetzt umfangreiche Praxiskenntnisse bieten. Das heißt, sollten Sie im Folgenden außer Ihrem Abschluss keine weiteren maßgeblichen Punkte finden, ist das völlig in Ordnung. Bleiben Sie daher selbstbewusst. Im Laufe dieses Werks werden Ihnen weitere Wege aufgezeigt, um sich dem Wettbewerb mit anderen Bewerbern ausreichend entziehen zu können. Dennoch könnte jede Kleinigkeit wichtig sein, um sich schon durch Ihr Profil von anderen zu unterscheiden. Damit könnten Sie sich schon jetzt einen kleinen Wettbewerbsvorteil verschaffen.

Nehmen Sie sich bitte für die folgende Aufgabe Zeit und Ruhe. Stellen Sie sich dabei folgende Frage:

■ **Habe ich bei dem einen oder anderen notierten Punkt bereits einige praxisorientierte Kenntnisse und Fähigkeiten erworben?**

Checken Sie die infrage kommenden Stationen Ihres Lebenslaufs mit Hilfe der nachfolgenden Aufstellung. Sie dient als Inspiration, welche Praxiskenntnisse grundsätzlich möglich sind. Notieren Sie sich auch alle Nebensächlichkeiten. Unterscheiden Sie zunächst nicht nach ‚wichtig' oder ‚unwichtig':

- **Büroorganisation und Sachbearbeitung?**

- **Buchhaltung und Rechnungswesen?**

- **Verkauf, Vertrieb, Beratung und Kundenakquisition?**

- **Marketing und Promotion?**

- **Logistikaufgaben?**

- **Veranstaltungs- und Eventorganisation?**

- **Assistenzen, Stellvertretungen und Verantwortlichkeiten?**

- **Öffentlichkeitsarbeit, Grafikdesign und Texterstellung?**

- **Organisation und Konzeption?**

- **Hard- und Softwarepraxis und sonstige IT-Tätigkeiten?**

- **Sprachliche sowie fremdsprachliche Praxiskenntnisse?**

- **Pädagogische Erfahrungen?**

- **Schulungs- oder sonstige Präsentationspraxis?**

- **Entwicklungs- und Konstruktionsarbeiten sowie sonstige technische Aufgaben?**

- **Sonstige Praxiskenntnisse?**

Haben Sie auch diesen Schritt hinter sich, liegt Ihnen nun eine Art Stoffsammlung vor. Jetzt versuchen Sie sich in einen Arbeitgeber hineinzuversetzen. Stellen Sie sich für jeden notierten Punkt Ihrer Stoffsammlung folgende Frage:

■ Welche Punkte könnten in meinem angestrebten Berufsalltag einsetzbar sein oder bieten sonstige Vorteile für künftige Arbeitgeber?

Nun können Sie unnötige Punkte aus Ihrer Stoffsammlung streichen. Die daraus entstehende Essenz benötigen Sie später zur Erstellung Ihrer Bewerbungsunterlagen. Sie sollten das Ganze auch mit Personen Ihres Vertrauens diskutieren. Achten Sie darauf, dass Sie nur solche Menschen befragen, die sich im Berufsalltag bewiesen haben.

3.1.2.2   Softskills

Der folgende Abschnitt widmet sich Ihrer Persönlichkeit. Sie werden über einige Charakterzüge verfügen, die für Arbeitgeber vorteilhaft sind. Einige Eigenschaften, wie beispielsweise Zuverlässigkeit, Leistungsbereitschaft, Zielstrebigkeit, Flexibilität, Teamfähigkeit, Motivation, etc. sind für hochqualifizierte Bewerber selbstverständlich. Zudem heben Sie sich damit von anderen Kandidaten nicht großartig ab. Darüber hinaus sind sie zum Teil abgedroschen. Sie bleiben in der folgenden Aufstellung möglicher Persönlichkeitsmerkmale unberücksichtigt (siehe wieder die Arbeitsblätter in Teil B):

■ Abstraktionsvermögen	■ Allgemeinwissen
■ Analytisches Denkvermögen	■ Anpassungsvermögen
■ Arbeitseffizienz	■ Überzeugungskraft
■ Aufgeschlossenheit	■ Ausdrucksfähigkeit
■ Fähigkeit zum Zuhören	■ Beharrlichkeit
■ Begeisterungsfähigkeit	■ Beobachtungsgabe
■ Diplomatisches Geschick	■ Detailtreue
■ Durchhaltevermögen	■ Dynamik
■ Durchsetzungsvermögen	■ Effektivität
■ Ehrgeiz	■ Eigeninitiative
■ Eigenverantwortung	■ Einfühlungsvermögen
■ Selbstdisziplin	■ Entscheidungsfreude
■ Entschlossenheit	■ Entschlussfähigkeit
■ Frustrationstoleranz	■ Führungskompetenz

- Gehobene Umgangsformen
- Herzlichkeit
- Kommunikationsfähigkeit
- Kompromissfähigkeit
- Konsequenz
- Konzentrationsfähigkeit
- Kreativität
- Kundenorientierung
- Logisches Denkvermögen
- Marktausrichtung
- Organisationsfähigkeit
- Pädagogisches Geschick
- Planerische Fähigkeiten
- Problemlösungskompetenz
- Realitätssinn
- Sachlichkeit
- Selbstorganisation
- Sprachgewandtheit
- Systematisches Denken
- Spontaneität
- Technisches Verständnis
- Transferfähigkeit
- Unternehmerisches Denken
- Verantwortungsbereitschaft
- Verkäuferisches Geschick
- Verhandlungsgeschick

- Geduld
- Integrität
- Konfliktfähigkeit
- Kontaktfähigkeit
- Kooperationsfähigkeit
- Kritikbereitschaft
- Lernbereitschaft
- Loyalität
- Menschenkenntnis
- Optimismus
- Positives Denken
- Praktische Intelligenz
- Qualitätsbewusstsein
- Resultatsausrichtung
- Selbstständigkeit
- Selbstbewusstsein
- Selbstsicherheit
- Strategisches Denken
- Stressbeständigkeit
- Soziabilität
- Toleranz
- Umgebungsbewusstsein
- Überblick
- Urteilsbildung
- Wirtschaftliches Denken
- Weltgewandtheit

Auch hier können Sie andere Menschen um ihre Meinung bitten. Lassen Sie sich ein Feedback geben. Es ist heute sehr wichtig, dass Sie Ihre Persönlichkeit eindeutig und objektiv beschreiben können. Im dafür vorgesehenen Arbeitsblatt in Teil B können Sie dann die gefundenen Punkte so lange reduzieren, bis einige wenige

Hauptmerkmale übrig bleiben. Es sollten sich etwa drei bis sechs Punkte heraus-kristallisieren.

Sind Sie damit fertig, liegen Ihnen zwei Aufstellungen vor. Die Ihrer fachlichen und die Ihrer charakterlichen Stärken. Sie haben nun Ihr berufliches Profil in Händen. Sozusagen das Produkt, das Sie auf dem Arbeitsmarkt gewinnbringend gegen Gehaltszahlung verkaufen möchten. Jetzt können Sie besser bewerten, was Sie dem Arbeitsmarkt zu bieten haben.

Ihre persönliche Zielfindung für Ihre erste akademische Anstellung wird nun durch zwei Faktoren beeinflusst. Das, was Sie sich wünschen und das, was Sie tatsächlich zu bieten haben. Der angestrebte Tätigkeitsbereich sollte beides be-rücksichtigen. Es ist eine Schnittmenge zwischen Ihren Wünsche und den gegebe-nen Fakten zu bilden. Je größer die Deckungsfläche ist, desto einfacher werden Sie im Übrigen den Berufseinstieg finden.

Jetzt können Sie noch einmal zu den ersten Fragen aus der „ersten beruflichen Orientierung" zurückblättern und sie nochmals überdenken. Es folgt der nächste Schritt im Rahmen Ihrer Vorbereitungsarbeiten. Ihr nun vorliegendes Profil ist zeitgemäß zu dokumentieren bzw. repräsentativ aufzubereiten. Das tun Sie in der Hauptsache durch Ihre Bewerbungsunterlagen. Davon ist der wichtigste Bestand-teil der tabellarische Lebenslauf.

3.1.3   Tabellarischer Lebenslauf

Die Ansichten auf der Arbeitgeberseite, wie der Lebenslauf zu gestalten ist und welchen Inhalt er berücksichtigen sollte, sind oft unterschiedlich. Es wird an die-ser Stelle ausdrücklich betont:

■ **Es existieren keine allgemein anerkannten Standards für den In-**
   halt und die Struktur von tabellarischen Lebensläufen.

Zwar wurde einmal auf europäischer Ebene der Versuch unternommen, eine Standardvorlage zu etablieren (der „europass"-Lebenslauf") - allerdings hat sich dieses Layout niemals durchsetzen können.

Selbst dann, wenn verschiedene Personalreferenten desselben Unternehmens befragt werden, ist es möglich, dass differierende Ansichten über Bewerbungsunterlagen zu hören sind. Ob Unterlagen als optimal erachtet werden, entscheidet der
Betrachter. Unterschiedliche und höchst subjektive Meinungen sind dabei in den
Personalabteilungen an der Tagesordnung. Das ist allerdings für Ihre Situation
nicht weiter tragisch.

Es liegt in der Natur der Sache, dass Lebensläufe von Absolventen grundsätzlich
wenige Daten und Fakten enthalten. Schule, Studium und erste Praxiserfahrungen
sind in der Regel übersichtliche Strukturen. Die Aufbereitung dieser Daten stellt
keine größere Herausforderung dar und kann einfach realisiert werden. Speziell
in diesem Fall ergeben sich auch keine größeren Probleme, die zum Teil sehr unterschiedlichen Vorstellungen auf der Arbeitgeberseite größtenteils abzudecken.

Vollständigkeitshalber soll am Rande erwähnt sein, dass es die Möglichkeit gibt,
eine ‚dritte Seite‘ dem Lebenslauf anzuhängen: das sogenannte Erfahrungsprofil.
Es ist meist bei solchen Bewerbern notwendig, die über viele Jahre Berufserfahrungen gesammelt haben. Die beruflichen Profile sind dann zu umfangreich, um
sie noch aussagekräftig und übersichtlich im Anschreiben oder Lebenslauf dokumentieren zu können. Das ist in der Regel bei Berufseinsteigern nicht der Fall.
Erfahrungsprofile werden deshalb in diesem Ratgeber nicht berücksichtigt.

Folgendes gilt es bei der Erstellung Ihres tabellarischen Lebenslaufs zu beachten:

- **Grundsätzlich sollten schon im tabellarischen Lebenslauf alle Vorteile, die geboten werden, ersichtlich sein.**

- **Letztendlich ist der tabellarische Lebenslauf die schriftliche Dokumentation des beruflichen Profils.**

Die Ergebnisse Ihrer Selbstanalyse können dabei professionell aufbereitet werden.
Dafür werden jetzt zweckmäßige Strukturen und Vorgehensweisen vorgeschlagen. Auf neue Trends wird ebenso hingewiesen. Zusätzlich werden einige Empfehlungen ausgesprochen, mit denen in der Praxis sehr gute Ergebnisse erzielt
wurden.

3.1.3.1   Deckblatt

Immer mehr Bewerber verwenden ein Deckblatt, auf dem das Bewerbungsfoto und die persönlichen Daten zu sehen sind. Neben dem repräsentativen Aspekt bietet es den Vorteil, dass mehr Platz für den eigentlichen Text des Lebenslaufs zur Verfügung steht. Falls Ihr Lebenslauf zu gedrängt wirken sollte, wird ebenso zu einem Deckblatt geraten. Es ist allerdings nicht zwingend erforderlich.

3.1.3.2   Persönliche Angaben

Die persönlichen Angaben erscheinen entweder auf dem Deckblatt oder direkt zu Beginn des eigentlichen Lebenslaufs (falls Sie kein Deckblatt verwenden). Trotz Gleichbehandlungsgesetz werden noch immer folgende Angaben erwartet:

- **Vorname, Nachname**

- **Geburtsdatum**

- **Geburtsort**

- **Familienstand**

- **Staatsangehörigkeit**

- **Adresse, Telefon, E-Mail**

Aufgrund der heute üblichen Bewerbungen per E-Mail, werden häufig die Adresse und die Kontaktdaten als ‚Kopfzeile' formatiert. Damit wird sichergestellt, dass auf jeder Seite der Bewerbungsunterlagen gleichermaßen Name, Anschrift, Telefonnummer und E-Mail-Adresse erscheinen.

Die Verwendung dieser Variante inklusive ‚Kopfzeile', die sich unverändert über alle Blätter Ihrer Bewerbungsunterlagen erstreckt, wird ebenso empfohlen. Falls Sie Ihre Unterlagen per E-Mail versenden und diese eventuell auf der Empfängerseite ausgedruckt werden, entsteht lediglich ein Stapel Papier. Sollte dabei versehentlich etwas auseinanderfallen, können die einzelnen Blätter durch die Kopfzeile schnell zugeordnet werden. Falls zudem nur einzelne Seiten aus Ihren Unterlagen kopiert oder verwendet werden, sind die Kontaktdaten ebenso jederzeit präsent. Zusätzlich schaffen Sie durch die Verwendung einer Kopfzeile wieder mehr Platz für den eigentlichen Text des Lebenslaufs.

3.1.3.3 Chronologie

Der ‚amerikanische Stil' hat sich endgültig durchgesetzt. Das heißt, der Lebenslauf beginnt zeitlich mit Ihrer aktuellsten Station und wird chronologisch absteigend fortgeführt. Er endet mit Ihrer Schulbildung. Angaben zur Grundschule werden im Fall von Akademikern meist nicht mehr gewünscht. Die überwiegende Mehrheit aller hochqualifizierten Bewerber verwendet mittlerweile diese Variante. Zu dieser Vorgehensweise wird geraten.

3.1.3.4 Lückenlosigkeit und Zeitangaben

Leider suchen viele Personaler erst einmal nach möglichen Haken. Falls Sie den Leser über längere Zeiträume in Ihrem Lebenslauf im Unklaren lassen, besteht die Gefahr, dass nichts Positives hineininterpretiert wird. Stellen Sie deshalb die chronologische Lückenlosigkeit sicher. Es wird allerdings empfohlen, Zeiträume, die kleiner als zwei Monate sind, zu vernachlässigen.

Einige Bewerber geben neben den Monats- und Jahresangaben zusätzlich Tagesdaten an. Es wird davon abgeraten. Tagesangaben verschlechtern die Übersichtlichkeit Ihres Layouts und erzielen keine zusätzliche Aussagekraft.

3.1.3.5 Gliederung und Schlussformalia

Die Gliederung der einzelnen Stationen des Lebenslaufs ist üblich geworden. Die Lesbarkeit wird dadurch erleichtert.

Die nun aufgelisteten Vorschläge für mögliche Überschriften können Sie allerdings ohne Weiteres variieren. Sie sind von Ihrem jeweiligen Profil abhängig und sind gegebenenfalls zu streichen, zu ergänzen oder zusammenzufassen:

- **Studium**

- **Praxiskenntnisse**

- **Praktika**

- **Berufsausbildung**

- **Schule**

- **Fortbildungen und Zusatzqualifikationen**

- **Persönliche Eigenschaften**

- **PC-Kenntnisse**

- **Sprachkenntnisse**

- **Sonstige Fähigkeiten und Kompetenzen**

In der Printversion (Bewerbungsmappe) erscheinen am Ende des Lebenslaufs ein aktuelles Datum und Ihre Unterschrift. Lediglich bei Online-Bewerbungen ersetzen einige Bewerber die handschriftliche Unterschrift durch eine maschinenschriftliche. Das Scannen Ihrer Unterschrift ist nicht zwingend erforderlich. Schließlich würden Sie einer fremden Person Ihre Originalunterschrift in digitaler Form zur Verfügung stellen.

3.1.3.6   Konkretisierung einzelner Stationen

Leider konkretisieren noch immer zu wenige Bewerber ihre einzelnen Positionen durch Unterpunkte. Dazu wird allerdings ausdrücklich geraten. Durch das Hinzufügen einiger Unterpunkte bei den jeweiligen Lebenslaufstationen, können Sie die Forderung nach ‚aussagekräftigen Bewerbungsunterlagen' optimal erfüllen. Je mehr weiterführende Informationen Sie schon im Lebenslauf bieten, desto schneller kann ein Leser Ihr berufliches Profil ganzheitlich aufnehmen. Insbesondere bei den oft notwendigen ersten schnellen Sichtungen ist der zeitliche Vorteil für den Betrachter beträchtlich.

Für die Dokumentation der Ergebnisse Ihrer Selbstanalyse sind die Unterpunkte sehr hilfreich. So können alle Ihre fachlichen Stärken schon im Lebenslauf elegant untergebracht werden

3.1.3.7   Übersichtlichkeit

Rechnen Sie unbedingt damit, dass der Betrachter unter Zeitdruck steht. Haben Sie Ihre Unterlagen fertig erstellt, können Sie einen kleinen Test durchführen. Zeigen Sie einer Person Ihren Lebenslauf nur 20 Sekunden lang. Danach befragen Sie den Betrachter, über welche Abschlüsse und Kernqualifikationen Sie verfügen. Erhalten Sie dabei richtige Antworten, haben Sie in Sachen Übersichtlichkeit hervorragende Arbeit geleistet.

Im Übrigen wird empfohlen, das gesamte Dokument nicht zentriert zu formatieren. Es muss berücksichtigt werden, dass das Ganze später in eine Bewerbungsmappe einzuheften ist oder, im Falle von Onlinebewerbungen, auf der Arbeitgeberseite ausgedruckt und irgendwo abgelegt wird. Deshalb sollte der linke Rand des Blattes breiter sein als der rechte (z. B. links: 3 cm und rechts 1,5 cm o.Ä.). Eingeordnet wirken Ihre Unterlagen dann wieder zentriert. Darüber hinaus werden die linksseitigen Textanfänge von dem Heftmechanismus nicht abgedeckt. Auch diese Vorgehensweise erleichtert die Lesbarkeit Ihrer Unterlagen auf der Empfängerseite.

3.1.3.8 Grafik und Gestaltung

Mittlerweile sind Bewerbungsunterlagen in der Gestaltung auf einem recht hohen Niveau angekommen. Natürlich können Sie da bedingt mitziehen. Allerdings sind dem auch Grenzen gesetzt. Eine aufwendige Gestaltung stellt sich immer als eine Gradwanderung dar. Einerseits sollten Ihre Unterlagen positiv auffallen und andererseits sollten Sie nicht den Eindruck erwecken, dass Sie Ihre Chancen als Bewerber eher schlecht einschätzen. Auf dem Arbeitsmarkt gefragte Personen haben es üblicherweise nicht nötig, in Sachen Gestaltung und Grafik viel Aufwand zu betreiben. Es gibt also keinen Anlass, im Übermaß zu viel Zeit und Mühe in die Formatierung ihrer Unterlagen zu investieren. Heute gibt es sogar Jobsuchende, die Bewerbervideos produzieren lassen. So eindeutig sollte man einem potenziellen Arbeitgeber seine eigene Hoffnungslosigkeit wirklich nicht offenbaren.

Im Zweifelsfall sollten Sie Ihre Bewerbungsunterlagen eher sachlich gestalten. Die notwendige Eleganz ist ohne größeren Aufwand realisierbar. Das Hauptaugenmerk ist allerdings immer auf den fachlichen Inhalt und nicht auf die grafische Gestaltung zu legen. Sie finden den Einstieg ins Berufsleben, weil Sie zeitgemäße Bewerbungsstrategien verfolgen bzw. weil Sie etwas zu bieten haben und nicht deswegen, weil Sie sich zum Spezialisten für die optische Aufbereitung von Dokumenten entwickelt haben.

3.1.3.9 Bewerbungsfoto

Obwohl Bewerbungsfotos ebenso aufgrund des Gleichbehandlungsgesetzes problematisch sind, werden sie noch immer von der überwiegenden Mehrheit aller Arbeitgeber in Deutschland zwingend erwünscht. Natürlich können Sie sich auf die aktuelle Gesetzeslage berufen und das Foto einfach weglassen. Dann haben Sie zwar hundertprozentig Recht gehabt, allerdings keinen Job.

Im Übrigen unterliegen verständlicherweise auch hochqualifizierte Personalprofis gängigen menschlichen Verhaltensweisen. Erhält man Bewerbungsunterlagen, wird zunächst das Bewerberbild betrachtet. Demnach sollten Sie die Bedeutung Ihres Fotos nicht unterschätzen. Räumen Sie Ihrem Bild einen hohen Stellenwert ein. Selbstverständlich sollten Sie Ihr Bewerbungsfoto durch einen Profi erstellen lassen. Eine dezente digitale Nachbearbeitung des Bildes ist im Übrigen häufig zu beobachten. Weiterhin überwiegen die Farbaufnahmen. Je konservativer die Arbeitgeberzielgruppe ist, desto eher wird zur Farb-Variante geraten. In einigen Fällen wird s/w verwendet. Schwarz-Weiß-Fotos sollten Sie nur für moderne beziehungsweise jugendliche Branchen verwenden.

Lassen Sie sich mehrere Fotovarianten anfertigen und zeigen Sie sie anderen Menschen. Meist können Außenstehende das Bewerbungsfoto objektiver beurteilen als Sie selbst. Lassen Sie sich vom Fotografen Ihr Bild als DVD/CD oder USB-Stick aushändigen. Das Einscannen von Fotos ist dann nicht mehr notwendig. Dadurch vermeiden Sie Qualitätsverluste.

Sie können heute das Bewerberbild digital in Ihre Lebenslaufdatei direkt einfügen. Auch wenn der Fall eintreten sollte, dass noch eine klassische Bewerbungsmappe gewünscht wird, ist die Qualität der Farbausdrucke völlig ausreichend. Nur noch in Ausnahmefällen werden Bewerbungsfotos geklebt (nämlich meist dann, wenn die PC-Kenntnisse des Bewerbers nicht ausreichend sind).

3.1.3.10   Beispiele: Tabellarische Lebensläufe

Anhand der vorgenannten Empfehlungen können Sie Ihr vorliegendes berufliches Profil strukturieren und in Form eines Lebenslaufs dokumentieren. Um das bisher Gesagte zu verdeutlichen, werden auf den folgenden Seiten einige Beispiele tabellarischer Lebensläufe gezeigt. Darüber hinaus gibt es natürlich noch unzählig weitere Varianten.

Wie allseits bekannt, herrscht aktuell eine Übergangssituation zwischen den alten Diplom- und den neuen Bachelor- sowie Masterabschlüssen. Eine Vielzahl der jetzigen Absolventen hat noch mit einem Diplom-Studiengang begonnen. Die gezeigten Beispiele berücksichtigen diese Tatsache entsprechend.

Max Musterfrau
Muster-Straße 100 • 80000 Musterich • Telefon: 0 89 - 12 34 56 • E-Mail: max.musterfrau@email.de

Bewerbung

als
Diplom-Kaufmann

Max Musterfrau

Geburtsdatum: TT. Monat JJJJ
Geburtsort: Musterstadt
Familienstand: ledig
Staatsangehörigkeit: Deutsch

Inhalt: Lebenslauf
Zeugniskopien
Zertifikate

Beispiel 1: inklusive Deckblatt, 1/2

Max Musterfrau
Muster-Straße 100 • 80000 Musterich • Telefon: 0 89 - 12 34 56 • E-Mail: max.musterfrau@email.de

Lebenslauf

Studium

01/2011 - dato   **Bewerbungsphase**

10/2005 - 12/2010   **Studium der Betriebswirtschaftslehre an der
                        Musterberg-Universität in Musterstadt**
                        • Abschluss: Diplom-Kaufmann

                        • Diplomarbeit: „Wissenschaftliche Untersuchung von XYZ-
                                              Strategien unter ABC-Voraussetzungen"

                        • Schwerpunkte: - Banken und Finanzen
                                          - Marktinstitutionen
                                          - Strategisches Denken
                                          - Wettbewerbspolitik

**Berufserfahrung
und Praktikum**

05/2006 - 12/2010   **Studentische Aushilfe bei Muster Station, Musterberg**
                        • Kassenabrechnungen und Warenbestellungen
                        • Diverse Servicetätigkeiten und Kundenakquisition

03/2008 - 07/2008   **Praktikum bei Muster Druck AG, Musterberg**
                        • Einsatzbereich: Investor Relations
                        • Erstellen von Vergleichsanalysen mit Wettbewerbern
                        • Vorbereitung, Begleitung und Nachbearbeitung von Investoren-
                          und Analystengesprächen
                        • Aufbau und Pflege von Datenbanken zu Finanzkennzahlen

**Schule und
Berufsausbildung**

09/2003 - 07/2005   **Musterkasse GmbH, Musterberg**
                        • Abschluss: Finanzassistent (Gesamtnote: 1,8)

08/1994 - 07/2003   **Musterholtz-Gymnasium, Musterberg**
                        • Abschluss: Allgemeine Hochschulreife

**Weitere
Kenntnisse**

                        • MS Office 2000 - 2010
                        • Englisch, sehr gute Kenntnisse in Wort und Schrift
                        • KMK-Zertifikat: Englisch für Industrieberufe
                        • Französisch, Grundkenntnisse
                        • seit 05/2006, Tennistrainer (C-Lizenz), Einzel-/Gruppentraining

TT.MM. JJJJ   *Max Musterfrau*

Beispiel 1: inklusive Deckblatt, 2/2

Lebenslauf

Name:	**Max Musterfrau**
Geburtsdatum:	**TT. Monat JJJJ**
Geburtsort:	**Musterstadt**
Familienstand:	**Verheiratet**
Staatsangehörigkeit:	**Schweizer**

Schulbildung und Studium

10/2010 - dato
Northmuster University in Mustercastle, USA
- Master Degree voraussichtlich 04/2012
- International Business Administration

02/2008 - 07/2010
Northmuster University in Mustercastle, USA
- Abschluss: Bachelor Degree BA (Hons) in
                            International Business Administration

10/2005 - 02/2008
Akademie für Internationales Management (AIM) in Musterheim
- Abschluss: Internationaler Betriebswirt AIM

10/2002 - 09/2004
Aufenthalt in Australien

09/1993 - 06/2002
International School, Musterberg
- Abschluss: Abitur
- Young Enterprise Finalist in der Professional Enterprise Company der Jahre 1999/2000

Berufspraxis während des Studiums bei AIM

10/2004 - 01/2008
Mitarbeit im elterlichen Betrieb, Muster-Handel „Golfartikel und Accessoires" in Musterdorf
- Alleinverantwortung für das Tagesgeschäft
- Inventuren und Messebesuche
- Personalverantwortung für vier Mitarbeiter
- Lieferantengespräche
- Konditions- und Vertragsverhandlungen
- Wareneingangskontrolle
- Marketingstrategien
- Durchführung von Verkaufsveranstaltungen
- Internationaler Kundenkontakt

Beispiel 2: ohne Deckblatt, inklusive persönliche Eigenschaften, 1/2

Max Musterfrau
Muster-Straße 100, 8008 Musterstadt, Mobil: 0 12 / 12 34 56, E-Mail: max.musterfrau@mail.ch

PC-Kenntnisse

- Alle gängigen MS-Produkte
- SAP/R3
- Warenwirtschaftssystem Futura und ERS
- Lexware Buchhaltung
- Adobe Photoshop
- PC-Hardware, gute Grundkenntnisse
- Datev, einfache Grundkenntnisse
- HTML-Kenntnisse
- Bildbearbeitung
- Webdesign mit W2D Version 8

Sprachen

- Verhandlungssicheres Englisch in Wort und Schrift
- Französisch, Schulkenntnisse
- Spanisch und Italienisch, einfache Grundkenntnisse
- Muttersprache: Deutsch

Persönliche Eigenschaften

- Überzeugende Kontakt- und Kommunikationsfähigkeit
- Selbstständiges, konzentriertes und systematisches Arbeiten
- Ausgeprägte Service- und Kundenorientierung
- Unternehmerisches Denken und Handeln
- Problemlösungskompetenz

Sonstige Fähigkeiten und Kompetenzen

- Führerschein Klasse B
- Gute Allgemeinbildung
- XY-Zertifikat nach ISO 0000
- Ehrenamtlicher Dozent für Englisch an der VHS Musterstadt

TT. MM. JJJJ   *Max Musterfrau*

Beispiel 2: ohne Deckblatt, inklusive persönliche Eigenschaften, 2/2

Sabine Mustermann
Musterau 1 • 69000 Musterdorf • Telefon: 0 62 21 - 12 34 56 78 • E-Mail: Muster@email.de

Bewerbung

Sabine Mustermann

Geburtsdatum:	TT. Monat JJJJ
Geburtsort:	Musterstadt
Familienstand:	Ledig
Nationalität:	Deutsch

Zertifikate
Zeugniskopien
Tabellarischer Lebenslauf

Beispiel 3: mit Deckblatt, 1/3

Sabine Mustermann
Musterau 1 • 69000 Musterdorf • Telefon: 0 62 21 - 12 34 56 78 • E-Mail: Muster@email.de

Lebenslauf

Beruflicher Werdegang

seit Nov. 2010   **Bewerbungsphase**

Sep. 2004 - Okt. 2010 **Studium an der Ruprecht-Muster Universität Musterberg**
- Studienfächer: Soziologie HF, Volkswirtschaftslehre NF und
                   Politische Wissenschaft NF
- Abschluss: Magister Artium
- Vertiefung: Betriebssoziologie
- Abschlussarbeit: „Probleme und Ansätze zur Qualifizierung
                   von Absolventen im Betrieb. Die
                   Bedeutung motivationstheoretischer
                   Aspekte in der Muster Druck AG"

Sep. 1995 - Aug. 2004 **Karl-Mustermann-Gymnasium in Musterberg**
- Abschluss: Allgemeine Hochschulreife

Praktikum und studiumsbegleitende Berufspraxis

Okt. 2007 - Aug. 2008 **Wissenschaftliche Hilfskraft am Musterberger Institut für Medizinmarketing in Musteruhe**
- Koordination und Erstellung von PR-Texten
- Bearbeitung von Kundendatenbanken

Mai 2007 - Sept. 2007 **Werkstudentin bei Muster Druck AG in Musterberg**
- Bereich Personalentwicklung
- Verantwortung für das Projekt: „Die Lebenserwartung der Mitarbeiter bei der Muster AG von 1871 - 1993"

Feb. 2007 - Apr. 2007 **Praktikum bei der Wilhelm Muster GmbH in Musterbrück**
- Vorbereitungstätigkeiten und Begleitung von betriebsinternen Seminaren und Mitarbeiterschulungen

Zusätzliche Kurse und Fortbildungen im Rahmen des Studiums

Febr. 2009   **Planspielwettbewerb „Management" an der Muster Universität Musterberg**
- Festlegung von Zielen und Strategien
- Instrumente der Kosten- und Erfolgsrechnung
- Präsentation der Unternehmensergebnisse

Nov. 2006   **Projektmanagement-Kurs an der Muster Universität Musterberg**
- Anwendung der Projektmanagementwerkzeuge anhand von Fallstudien

Jan. 2006   **Kurs „Public Relations und Marketing" an der Muster Universität Musterberg**
- PR-Einführung und Einblick in die Unternehmenskommunikation

Beispiel 3: mit Deckblatt, 2/3

Sabine Mustermann

Musterau 1 • 69000 Musterdorf • Telefon: 0 62 21 - 12 34 56 78 • E-Mail: Muster@email.de

Ehrenamtliche Tätigkeiten

Sep. 2008 - dato **Mitgliedschaft bei Musterberg Alumni International**
- Betreuung von Studenten

Okt. 2009 - Dez. 2009 **Freiwilliges Engagement in Muster´s Charity Shop in Musterburg**
- Koordination der Betriebsabläufe
- Kundenberatung und Verkauf
- Schaufenstergestaltung

Juni 2006 - Sep. 2009 **Personalentwicklung und Projektmanagement bei der ABC-Vereinigung in Musterberg**
- International größte Studentenorganisation
- Potenzialanalysen bei Studenten
- Förderung von Studenten zu verantwortungsbewussten Menschen, die in ihren zukünftigen Führungspositionen einen Beitrag zur positiven Gestaltung der Gesellschaft leisten können

Sprachkenntnisse und Auslandsaufenthalte

- Muttersprache: Deutsch
- Fließendes Englisch in Wort und Schrift
- Drei Monate USA: Diverse Sprachkurse und Bildungsreisen
- Muster-Sprachkurs „Englische Grammatik und Business-Englisch" in London, UK
- Französisch, Schulkenntnisse
- Spanisch, einfache Grundkenntnisse
- Latinum

Sonstige Fähigkeiten und Kompetenzen

- Führerschein Klasse B
- Sehr gute praktische Veranlagungen
- XY-Trainerlizenz (Jugendhandball)
- Aktive Handballerin (Spielertrainerin)
- Sehr gute Literaturkenntnisse
- ABC-Sicherheitstraining

TT. Monat JJJJ　　*Sabine Mustermann*

Beispiel 3: mit Deckblatt, 3/3

Sabine Mustermann
Max-Musterfrau-Straße 100 • 68000 Musterstadt
Telefon: 0 62 02 / 2 34 56 78 • E-Mail: muster@email.de

Bewerbung

Sabine Mustermann

geb. am TT. Monat JJJJ

in Musterstadt

Ledig

Deutsch

Zertifikate
Zeugniskopien
Tabellarischer Lebenslauf

Beispiel 4: mit Deckblatt und Resümee, 1/3

Sabine Mustermann
Max-Musterfrau-Straße 100 • 68000 Musterstadt
Telefon: 0 62 02 / 2 34 56 78 • E-Mail: muster@email.de

Lebenslauf

Studium & Schulbildung

10/2005 - aktuell   **Studium der Volkswirtschaftslehre an der Karl-Muster-Universität Musterberg**
- Schwerpunkte: - Marketing
  - Umweltwirtschaft
  - Wirtschafts- und Sozialstatistik

- Diplomarbeit: „Wirtschaftliche Einbürgerungen von Migranten - Analyse empirischer Methoden"

- Diplom-Abschluss voraussichtlich 12/2011

09/2004 - 09/2005   **Nebenbeschäftigungen und Wartezeit bis Studiumsbeginn**

09/1995 - 08/2004   **Mustername-Gymnasium in Musterstadt**
- Abschluss: Allgemeine Hochschulreife

Erste Berufspraxis, Praktikum, Ferienjob

09/2004 - aktuell   **Nebenbeschäftigung in den Semesterferien sowie an Samstagen in der Muster Apotheke in Musteringen**
- Vorbereitung von Präsentationen sowie Entwurfsvorlagen für Werbekampagnen bzw. -anzeigen mit MS Power Point
- Warenbewirtschaftung, Lagerkontrolle, Bürotätigkeiten

06/2005, 06/2008   **Praktikum bei Muster Kontakt GmbH in Musterberg**
- jeweils 4 Wochen in der Fertigung/Produktion

01/2000 - 12/2004   **Nachhilfe in Mathematik bei der Schülerhilfe in Musteringen**

PC-Kenntnisse

- Firmenspezifische Kundendatenbanken (XY AG, ABC GmbH und Muster Vertriebsmanagement GmbH)
- Inkasso-System SAP, sichere Handhabung
- MS Office, sehr gute Kenntnisse
- Kurse während des Studiums:
  - Sicherer Umgang mit Microsoft Access
  - Computerkurs K1, bestanden
  - Computerkurs K2B, bestanden

Beispiel 4: mit Deckblatt und Resümee, 2/3

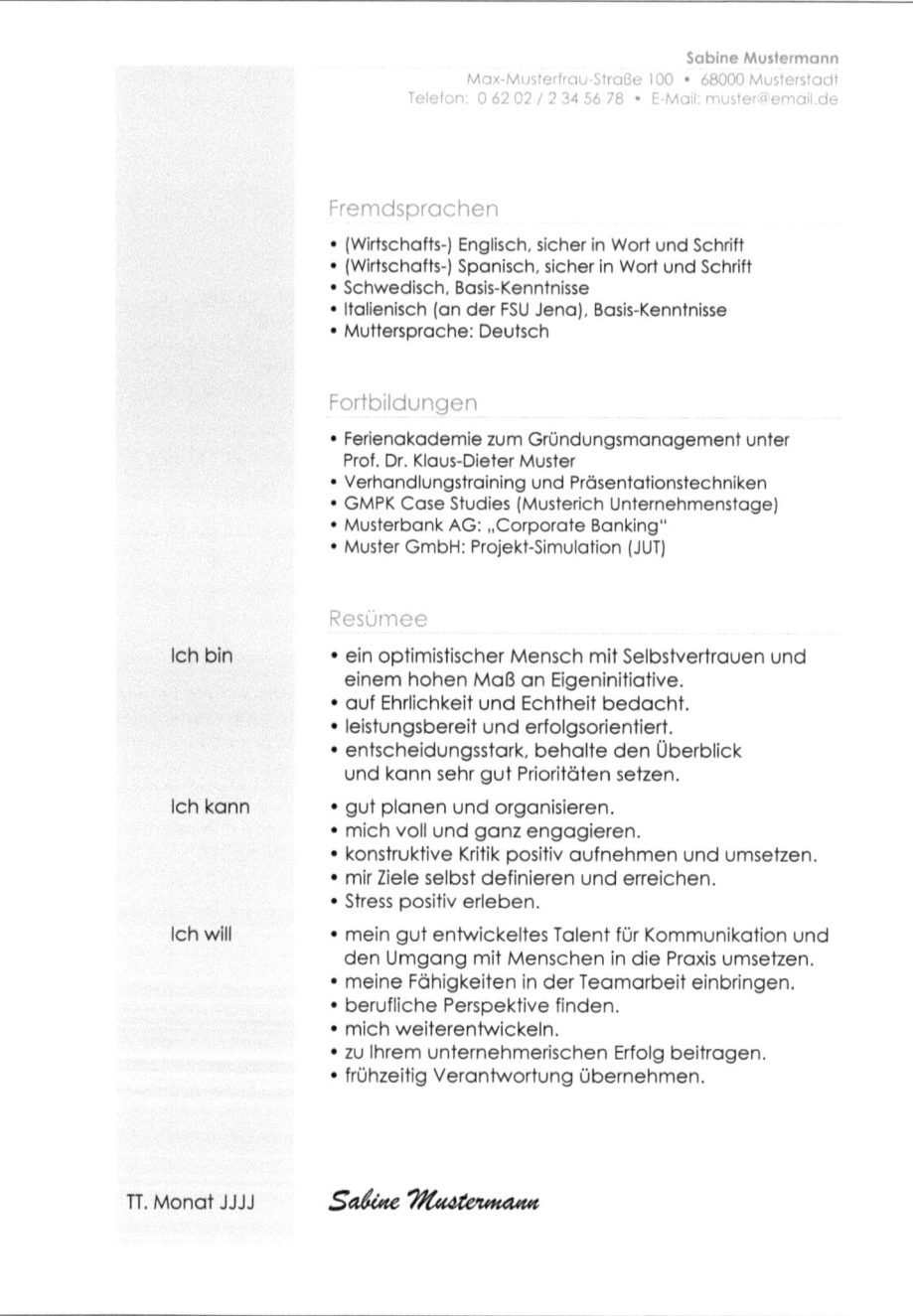

Sabine Mustermann
Max-Musterfrau-Straße 100 • 68000 Musterstadt
Telefon: 0 62 02 / 2 34 56 78 • E-Mail: muster@email.de

Fremdsprachen

- (Wirtschafts-) Englisch, sicher in Wort und Schrift
- (Wirtschafts-) Spanisch, sicher in Wort und Schrift
- Schwedisch, Basis-Kenntnisse
- Italienisch (an der FSU Jena), Basis-Kenntnisse
- Muttersprache: Deutsch

Fortbildungen

- Ferienakademie zum Gründungsmanagement unter
  Prof. Dr. Klaus-Dieter Muster
- Verhandlungstraining und Präsentationstechniken
- GMPK Case Studies (Musterich Unternehmenstage)
- Musterbank AG: „Corporate Banking"
- Muster GmbH: Projekt-Simulation (JUT)

Resümee

Ich bin
- ein optimistischer Mensch mit Selbstvertrauen und
  einem hohen Maß an Eigeninitiative.
- auf Ehrlichkeit und Echtheit bedacht.
- leistungsbereit und erfolgsorientiert.
- entscheidungsstark, behalte den Überblick
  und kann sehr gut Prioritäten setzen.

Ich kann
- gut planen und organisieren.
- mich voll und ganz engagieren.
- konstruktive Kritik positiv aufnehmen und umsetzen.
- mir Ziele selbst definieren und erreichen.
- Stress positiv erleben.

Ich will
- mein gut entwickeltes Talent für Kommunikation und
  den Umgang mit Menschen in die Praxis umsetzen.
- meine Fähigkeiten in der Teamarbeit einbringen.
- berufliche Perspektive finden.
- mich weiterentwickeln.
- zu Ihrem unternehmerischen Erfolg beitragen.
- frühzeitig Verantwortung übernehmen.

TT. Monat JJJJ   *Sabine Mustermann*

Beispiel 4: mit Deckblatt und Resümee, 3/3

Lebenslauf

Name: **Sabine Musterfrau**
Geburtsdatum: **TT. Monat JJJJ**
Geburtsort: **Musterstadt**
Familienstand: **Ledig**
Nationalität: **Österreicherin**

Studium & Schulbildung

10.2010 - aktuell   **Promotion an der Muster University in Musterhill, Irland**
• Doktorarbeit: „Kunst der Antike. Eine Studie über kunsthistorische Spuren in der griechischen Mythologie"

10.2004 - 07.2010: **Studium an der Muster-Universität Musterhausen**
• Abschluss: Kunsthistorikerin Magistra Artium (M.A.)

• Studiengänge: - Kunstgeschichte (Hauptfach)
                  - Volkswirtschaftslehre (1. NF)
                  - Jura, Öffentliches Recht (2. NF)

• Magisterarbeit: - „Removing Muster – Darstellung anhand der Skulpturen von Muster"

09.1995 - 08.2004: **Mustergymnasium in Musterburg**
• Abschluss: Abitur

Praktika und erste Berufspraxis

04.2009 - 10.2009: **Praktikum im Muster Museum der Stadt Musterburg**
• Vorbereitungen zur Sonderausstellung: „Die Medici"
• Mitarbeit an den wissenschaftlichen Vorarbeiten

09.2008 - 11.2008: **Praktikum an der Staatlichen Musterhalle Musterbaden**
• Recherche und Vorbereitungen zu Ausstellungen
• Redaktionelle Beiträge für die Mustertageszeitung

10.2006 - 07.2008: **Minijob in der Galerie Mustero in Musterburg**
• Galeriebetreuung und Verkauf von Kunstdrucken
• Kundenbetreuung und -beratung sowie Textarbeiten

Sonstige Fähigkeiten & Kompetenzen

• MS Office
• Sicheres Englisch in Wort und Schrift
• Initiatorin und Leiterin der Kunstgruppe „Persönlichkeitsentwicklung durch Kunst"

TT. Monat JJJJ   *Sabine Musterfrau*

Beispiel 5: 1/1

3.1.4 Bewerbungsschreiben

Dieser Ratgeber hat bekanntlich Initiativstrategien zum Thema. Das heißt, es wird auf einen gewünschten Arbeitgeber zugegangen, ohne sich auf ein veröffentlichtes Stellenangebot beziehen zu können. Der berechtigte Anspruch, dass ein Anschreiben individuell verfasst sein und explizit auf eine ausgeschriebene Arbeitsstelle eingehen muss, kann in unserem Fall nicht immer umgesetzt werden. Erfahrungsgemäß ist dies auch nicht weiter tragisch. Im Allgemeinen werden Bewerbungsschreiben von den meisten Jobsuchenden überbewertet.

Es gibt Bewerber, die über Wochen ein einziges Anschreiben austüfteln. Das ist wirklich ein bisschen übertrieben. In den wenigsten Fällen wird es auf der Arbeitgeberseite genauer unter die Lupe genommen. Tatsächlich müssen Sie damit rechnen, dass Ihr Anschreiben lediglich überflogen wird.

Haben Sie die Empfehlungen des vorherigen Kapitels befolgt, betrifft Sie diese Problematik nur am Rande. Sie haben alle wichtigen Daten und Fakten bereits im Lebenslauf untergebracht. Falls auch Sie davon betroffen sein sollten, dass Ihr Anschreiben unberücksichtigt bleibt, wird dem Betrachter trotzdem die volle Bandbreite aller maßgeblichen Informationen geboten.

Dennoch: Das Bewerbungsschreiben ist ein offizieller Bestandteil von Bewerbungsunterlagen. Zudem ist die individuelle Einstellung des Empfängers zur Bedeutung eines Anschreibens im Vorfeld nicht bekannt. Es bleibt nichts anderes übrig, als sich damit professionell zu befassen. Schließlich besteht in diesem Ratgeber der Anspruch, auch unterschiedliche Ansichten auf der Arbeitgeberseite größtenteils abzudecken. Um demnach ganz sicherzugehen, wird die Situation vorausgesetzt, dass Ihr Anschreiben beachtet und vollständig gelesen wird.

Im Folgenden wird Ihnen ein Baukastensystem von Textmodulen geliefert. Damit können Sie Anschreiben schnell und elegant entwickeln. Folgender Textaufbau hat sich in der Praxis bewährt:

1. Betreffzeile und Anrede

2. Anlass und positiver Einstieg

3. Vorteile Hardskills

4. Vorteile Softskills

5. Individuelle Besonderheiten

6. Schlussformulierungen

In diesem Ratgeber werden nur solche Initiativbewerbungen empfohlen, bei denen vorab Recherche- und Informationsaktivitäten stattgefunden haben. Deshalb setzen die Inhalte der jeweiligen Textmodule voraus, dass im Vorfeld bereits ein Kontakt zwischen dem Bewerber und dem Arbeitgeber stattgefunden hat.

Die sechs möglichen Abschnitte eines Anschreibens werden jetzt einzeln erläutert.

3.1.4.1 Betreffzeile und Anrede

Rechnen Sie damit, dass die Person, die Sie mit Ihrem Anschreiben ansprechen möchten, nicht diejenige ist, die es als Erstes liest bzw. bearbeitet. Zusätzlich sollten Sie bedenken, dass der Empfänger täglich mit einer Vielzahl von Bewerbern konfrontiert sein könnte. Die Möglichkeit, dass der Angeschriebene unter erheblicher anderweitiger Arbeitsbelastung steht, muss ebenso in Betracht gezogen werden.

Stellen Sie auf jeden Fall sicher, dass der Zeitaufwand gering bleibt, wenn jemand Ihr Schreiben betrachtet. Es sollte auf einen Blick klar sein, um was es grundsätzlich geht. Bereits die Betreffzeile sollte so viele Informationen wie möglich enthalten. Folgendes wird empfohlen:

- **Verwenden Sie den Begriff „Bewerbung" schon in der Betreffzeile.**

- **Nennen Sie immer die Position (oder den Bereich), für die Sie sich bewerben möchten.**

- **Falls im Vorfeld ein Telefonat, ein E-Mail oder sonstiger Kontakt stattgefunden hat, beziehen Sie sich darauf und geben Sie das entsprechende Datum an.**

- **Konnten Sie im Vorfeld nicht direkt mit Ihrem zuständigen Ansprechpartner kommunizieren, nennen Sie diejenige Person, mit der Sie Kontakt hatten.**

Schon durch die Betreffzeile sollte der Leser sofort erkennen, und zwar ohne den Text lesen zu müssen, was Sie möchten (Bewerbung um XY) und warum Sie auf die Idee kommen, ihm etwas zuzusenden (Kontakt mit ihm selbst oder mit einer anderen Person).

Im Übrigen wird für die Betreffzeile die gleiche Schriftart und -größe wie beim übrigen Brief verwendet. Die Zeile ist lediglich fett hervorgehoben. Ebenso können Sie dabei durchaus zwei Zeilen verwenden. Nachdem Sie danach zwei Leerzeilen eingefügt haben, erscheint die übliche Anrede. Nach einer weiteren Leerzeile beginnt Ihr Text.

3.1.4.2   Anlass und positive Einleitung

Ihr eigentliches Anschreiben beginnt. Darin sollten keine nichtssagenden Formulierungen oder sonstige Floskeln enthalten sein. Eine Ausnahme dürfen die Einleitungssätze sein. Es ist für jeden Leser angenehm, wenn die ersten Zeilen etwas ‚Nettes' enthalten. Noch besser ist es, wenn ihm auffällt, dass Sie sich in groben Zügen über das Unternehmen informiert haben. Darüber hinaus müssen Sie den in der Betreffzeile genannten Anlass für Ihren Brief weiter konkretisieren.

> ■ **Zu Beginn sollte ein positiver Bezug zum Ansprechpartner, zum Unternehmen oder zu einer sonstigen Situation hergestellt werden.**

Folgende Einstiegsformulierungen können Sie beispielsweise verwenden. Suchen Sie sich für Ihre jeweilige Bewerbungssituation ein oder zwei passende Module heraus:

... zunächst herzlichen Dank für Ihre schnelle Antwort. Sehr gerne sende ich Ihnen meine Bewerbungsunterlagen zu.

... vorab möchte ich mich für das informative Telefonat bedanken. Gerne nehme ich Ihr Angebot wahr, Ihnen meine Bewerbungsunterlagen zuzusenden.

... sehr gerne würde ich in Ihrem Unternehmen tätig sein. Im Übrigen ist mir Ihre Internetseite positiv aufgefallen, weil ...

... mein Telefonat mit Herrn Muster war sehr informativ. Er empfahl mir, Ihnen meine Unterlagen zuzusenden.

... Ihr Unternehmen spielt im Bereich .... eine maßgebliche Rolle, deshalb bewerbe ich mich sehr gerne bei Ihnen.

... die Präsentation Ihres Unternehmens auf der Messe XYZ in Musterstadt hat mich sehr beeindruckt. Ich führte dort mit Frau Muster ein interessantes und positives Gespräch. Sie empfahl mir, Ihnen meine Bewerbungsunterlagen zu senden.

... zunächst herzlichen Dank für die prompte Antwort. Ihr Unternehmen ist Marktführer im Bereich .... , deshalb bewerbe ich mich gerne um eine Position als ....

... vielen Dank für die freundlichen Worte in Ihrer E-Mail. Ihr Angebot, mich bei Ihnen bewerben zu können, hat mich sehr gefreut.

... unser Gespräch auf der Veranstaltung XY war für mich hochinteressant und sehr informativ. Herzlichen Dank, dass Sie mir das Angebot machten, mich bei Ihnen bewerben zu können.

usw.

Selbstverständlich können Sie einzelne Textmodule kombinieren, nur teilweise verwenden oder einfach kürzen. Nach ein bis zwei freundlichen Einstiegssätzen sollten Sie schließlich Fakten folgen lassen.

3.1.4.3   Vorteile Hardskills

Verzichten Sie im nächsten Abschnitt Ihres Anschreibens auf Floskeln. Nun sollten Sie nur noch Gründe nennen, warum Sie die richtige Person für das Unternehmen sind. Welchen Nutzen bieten Sie dem Arbeitgeber?

■ **In diesem Abschnitt zählen Sie einige fachliche Stärken Ihres beruflichen Profils auf.**

Durch die Selbstanalyse kennen Sie sie bereits. Nennen Sie nur die wichtigsten bzw. nur diejenigen, die für die jeweilige Bewerbungssituation infrage kommen. Dabei muss einiges bedacht werden. Führen Sie einen Punkt auf, so müssen Sie damit rechnen, dass Sie später in einem Vorstellungsgespräch darauf angesprochen werden. Sie sollten schon beim Verfassen Ihre Formulierungen gedanklich begründen können. Gleichzeitig ist darauf zu achten, dass Sie sich nicht zu weit von Ihrem natürlichen Sprachgebrauch entfernen.

Im Folgenden werden wieder einige Module aufgezählt. Suchen Sie sich drei bis vier Textvarianten aus, die zu Ihnen passen. Selbstverständlich sollten Sie auch eigene Ideen einfließen lassen. Grundsätzlich ist mit Ihrem wichtigsten fachlichen Vorteil zu beginnen: mit Ihrer akademischen Qualifikation:

Mein Studium zum Master of .... werde ich voraussichtlich im MM/JJJJ erfolgreich abschließen. Ich habe die Fachrichtung .... mit der Vertiefung .... gewählt.

Mein Studium zum .... konnte ich im MM/JJJJ erfolgreich abschließen. Die fachlichen Schwerpunkte betrafen die Bereiche ....

Mein .... -Studium konnte ich mit einer Gesamtnote von .... als Master of .... abschließen.

Ich verfüge über den Abschluss Bachelor of ....

Ich biete Ihnen die akademische Qualifikation als ....

Meine .... -Arbeit .... hatte den Schwerpunkt .... Damit biete ich Ihnen fundierte Kenntnisse in den Bereichen ....

Sowohl meine Berufsausbildung zum .... , als auch mein gewählter Studienschwerpunkt .... bilden mein theoretisches Fundament.

Meine ersten Praxiskenntnisse konnte ich bei .... auf den Gebieten .... sammeln.

Durch mein Engagement im Bereich .... konnte ich aufzeigen, dass ich in der Lage bin, ...

Ihre Anforderungen bezüglich .... , kann ich erfüllen, weil ....

Durch ein Praktikum bei .... im Bereich .... konnte ich mir spezifische Kenntnisse in .... aneignen.

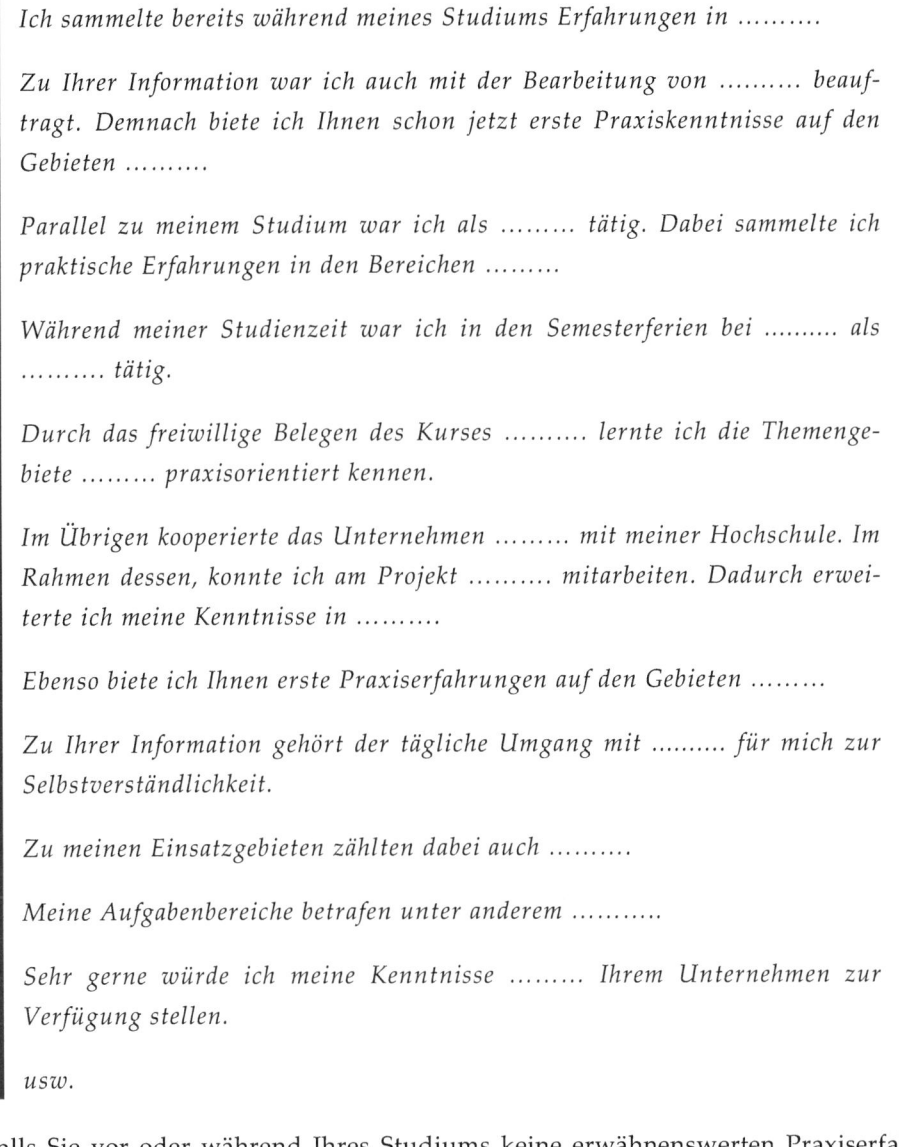

Ich sammelte bereits während meines Studiums Erfahrungen in ....

Zu Ihrer Information war ich auch mit der Bearbeitung von .... beauftragt. Demnach biete ich Ihnen schon jetzt erste Praxiskenntnisse auf den Gebieten ....

Parallel zu meinem Studium war ich als .... tätig. Dabei sammelte ich praktische Erfahrungen in den Bereichen ....

Während meiner Studienzeit war ich in den Semesterferien bei .... als .... tätig.

Durch das freiwillige Belegen des Kurses .... lernte ich die Themengebiete .... praxisorientiert kennen.

Im Übrigen kooperierte das Unternehmen .... mit meiner Hochschule. Im Rahmen dessen, konnte ich am Projekt .... mitarbeiten. Dadurch erweiterte ich meine Kenntnisse in ....

Ebenso biete ich Ihnen erste Praxiserfahrungen auf den Gebieten ....

Zu Ihrer Information gehört der tägliche Umgang mit .... für mich zur Selbstverständlichkeit.

Zu meinen Einsatzgebieten zählten dabei auch ....

Meine Aufgabenbereiche betrafen unter anderem ....

Sehr gerne würde ich meine Kenntnisse .... Ihrem Unternehmen zur Verfügung stellen.

usw.

Falls Sie vor oder während Ihres Studiums keine erwähnenswerten Praxiserfahrungen sammeln konnten, dann nennen Sie einfach Ihren (bzw. voraussichtlichen) Titel. Darüber hinaus können Sie die Fachrichtung, ein paar Studienschwerpunkte oder einige Spezialitäten Ihres Studiengangs aufzählen. Das ist dann völlig ausreichend.

3.1.4.4   Vorteile Softskills

An dieser Stelle hat der Leser bereits einige positive, sachliche Fakten erhalten. Nun zählt das Anschreiben die Vorteile Ihrer Persönlichkeit auf. In diesem Abschnitt folgen die charakterlichen Stärken aus Ihrem beruflichen Profil. Folgende Formulierungen können Sie beispielsweise verwenden:

Zu meinen persönlichen Hauptstärken zählen ....

Darüber hinaus biete ich die Fähigkeiten .... und ....

Persönlich zeichne ich mich durch .... und .... aus.

Des Weiteren bin ich in der Lage ....

In der Vergangenheit bewies ich, dass ich .... , weil ....

Bisher wurde mir bescheinigt, dass ich über die Stärken .... verfüge.

Es ist positiv aufgefallen, dass ich .... bin.

Als meine besonderen Stärken betrachte ich insbesondere meine .... und .... Darüber hinaus bescheinigte man mir .... und ....

Hohe .... , eine .... sowie .... runden mein Profil ab.

Meine persönlichen Eigenschaften .... und .... werden sicher hilfreich sein, mich rasch einzuarbeiten.

Im Übrigen bin ich es gewohnt .... zu arbeiten, weil ....

Meine Arbeitsweise gilt als   und

Meine wesentlichen Persönlichkeitsmerkmale sind ....

.... sehe ich als ebenso selbstverständlich wie ....

usw.

In die Textlücken setzen Sie einfach die persönlichen Merkmale ein, die Sie sich bei der Selbstanalyse Ihrer Softskills erarbeitet haben. Es wird empfohlen, nicht mehr als drei bis sechs persönliche Eigenschaften zu nennen. Bedenken Sie hier ebenso, dass Sie darauf in einem Vorstellungsgespräch angesprochen werden könnten. Demnach sollten Sie die genannten Charaktereigenschaften auf jeden Fall begründen können.

3.1.4.5 Individuelle Besonderheiten

Der Betrachter Ihres Anschreibens hat bisher eine ganze Reihe von Vorteilen und Stärken Ihrerseits lesen können. Damit das Ganze nicht ‚zerredet' wird, sollten Sie nun schnellstmöglich zum Ende Ihres Textes gelangen. Allerdings kann es noch individuelle Besonderheiten geben, auf die Sie an dieser Stelle kurz hinweisen möchten.

> *Meine .... -Urkunde ist gerade in der Erstellung. Sobald sie mir vorliegt, werde ich sie Ihnen umgehend zusenden.*
>
> *Im Übrigen wird das Arbeitszeugnis meines Praktikums .... gerade erstellt. Sobald ich es vorliegen habe, werde ich es nachreichen.*
>
> *Zu Ihrer Information ist die Betreuung meines Kindes geregelt, sodass ich mich professionell auf meine Berufstätigkeit konzentrieren kann.*
>
> *Im Übrigen bin ich erst wieder am TT.MM.JJJJ erreichbar, da ich ....*
>
> *usw.*

3.1.4.6 Schlussformulierungen

Das ist der letzte Abschnitt Ihres Textes. Falls Gehaltsvorstellungen gefordert wurden, können Sie diese zum Schluss Ihres Anschreibens nennen. Weiterhin sollten Sie mitteilen, ab wann Sie verfügbar sind. Nachdem Sie einen letzten freundlichen Schlusssatz formuliert haben, ist Ihr Anschreiben fertig. Die letzten Zeilen könnten folgendermaßen aussehen:

> *Ab MM/JJJJ kann ich Ihnen zur Verfügung stehen. Meine Gehaltsvorstellungen liegen bei ca. 00.000 p.a. Über die Einladung zu einem Vorstellungsgespräch freue ich mich sehr.*
>
> *Gerne stehe ich Ihrem Unternehmen ab dem TT.MM.JJJJ zur Verfügung. Ich würde mich über ein persönliches Gespräch sehr freuen.*

Mein Einstiegsgehalt sollte zwischen 00.000 und 00.000 p.a. liegen. Über ein mögliches Vorstellungsgespräch freue ich mich sehr.

Mein Gehalt sollte mittelfristig die Höhe von 00.000 p.a. erreichen. Über ein persönliches Gespräch würde ich mich sehr freuen.

Ich wäre zum MM.JJJJ einsatzbereit und würde mich über die Einladung zu einem Vorstellungsgespräch sehr freuen.

Ich bin kurzfristig verfügbar und würde mich über ein persönliches Gespräch sehr freuen.

usw.

Im Übrigen brauchen Sie sich nicht den Kopf zu zerbrechen, ob die Verwendung des Konjunktivs richtig oder falsch ist. Auf der Arbeitgeberseite gibt es sicher niemanden, der sich mit solchen Trivialitäten auseinandersetzt.

Sie werden bereits nach wenigen Bewerbungsschreiben schnell Übung bekommen. Alle wichtigen Punkte sind enthalten. Der überwiegende Teil Ihres Anschreibens strotzt vor Stärken und mit dem Nutzen, den Sie einem Arbeitgeber zu bieten haben. Gleichzeitig wirkt es kurz und bündig.

3.1.4.7   Beispiele: Bewerbungsschreiben

Um die Umsetzung der vorgestellten Empfehlungen besser verdeutlichen zu können, werden auf den folgenden Seiten wieder einige Beispiele gezeigt.

Beachten Sie bitte, dass andere ebenso dieses Buch lesen. Übernehmen Sie keine kompletten Absätze. Bringen Sie auch Ihren persönlichen Stil mit ein. Ergänzen Sie die vorgestellten Textmodule mit eigenen Varianten.

Max Mustermann   JJ. Monat JJJJ
Musterstraße 100
1045 Musterstadt
Telefon: 01 23 - 45 67 89 10
E-Mail: mustermann@email.de

Muster Firma AG
Human Resources
Frau Dr. Sabine Musterfrau
Im Muster 123
8021 Musterheim

Unser Telefonat vom TT. MM. JJJJ
Bewerbung um eine Position im Rechnungswesen

Sehr geehrte Frau Dr. Musterfrau,

zunächst herzlichen Dank für das informative Telefonat. Sehr gerne nehme ich Ihr Angebot wahr, Ihnen meine Bewerbungsunterlagen zuzusenden. Ihr Vorschlag, schon frühzeitig Verantwortung in Ihrem Unternehmen zu übernehmen, begeistert mich sehr.

Mein Studium der Betriebswirtschaftslehre werde ich voraussichtlich im MM/JJJJ abschließen. Meine Berufsausbildung zum Finanzassistenten und mein gewählter Studienschwerpunkt „Banken und Finanzen" bilden mein theoretisches Fundament für eine erfolgreiche berufliche Entwicklung.

Durch ein Praktikum bei der Druckmaschinen AG im Bereich Investor Relations konnte ich mir darüber hinaus erste spezifische Kenntnisse in der Bilanzanalyse aneignen.

Meine effektive, sorgfältige und eigenverantwortliche Arbeitsweise sowie meine ausgeprägte Konzentrationsfähigkeit werden sicher hilfreich sein, mich rasch einzuarbeiten und das Team tatkräftig zu unterstützen.

Ich bin kurzfristig verfügbar und würde mich über ein persönliches Gespräch sehr freuen.

Mit freundlichen Grüßen

Max Mustermann

Max Mustermann

Anlage

Beispiel 1: Im Vorfeld wurde ein Telefonat geführt

Lara Muster   TT. Monat. JJJJ
Muster-Ring 00
68000 Musterstadt
Telefon: 01 23 / 45 67 89 10
E-Mail: lara.muster@email.de

Karl-Muster GmbH & Co. KG
Max Musterfrau
Musterstraße
70123 Musterdorf

Ihre Antwort per E-Mail vom TT.MM.JJJJ
Bewerbung für das Trainee-Programm „Absolventen 2012"

Sehr geehrter Herr Musterfrau,

zunächst herzlichen Dank für Ihre prompte Antwort. Die Erläuterungen auf Ihrer Internetseite zum Förderprogramm „Absolventen 2012" haben mich sehr beeindruckt. Gerne
sende ich Ihnen meine Bewerbungsunterlagen als Dateianhang zu.

Mein Masterstudium Kommunikationswissenschaft werde ich im MM/JJJJ erfolgreich abschließen. Zurzeit verfasse ich die letzten Kapitel meiner Abschlussarbeit. Der Titel lautet
„Durch zeitgemäße Kommunikationstechniken den Berufseinstieg schaffen - eine ganz-
heitliche Betrachtung volkswirtschaftlicher Zusammenhänge".

Schon während meines Studiums konnte ich bei international agierenden Konzernen erste Praxiskenntnisse erwerben. Zu meinen Aufgaben zählten dabei die PR-Arbeit, Marketingstrategien sowie die Koordination von Kundenevents. Darüber hinaus biete ich erste
Erfahrungen in den Bereichen Knowledge-Management und Kundenakquisition.

Zu meinen persönlichen Hauptstärken zählen meine hohe Kundenorientierung und effektive Arbeitsweise. Darüber hinaus zeichne ich mich durch unternehmerisches Denken und
Handeln sowie soziale Kompetenz aus.

Ab dem TT.MM.JJJJ bin ich verfügbar. Über ein persönliches Gespräch freue ich mich
sehr.

Mit herzlichen Grüßen

Lara Muster

Lara Muster

Bewerbungsunterlagen als PDF-Datei

Beispiel 2: Im Vorfeld fand ein Kontakt per E-Mail statt

Mike Mustermann   TT. Monat. JJJJ
Musterweg 123
5432 Musterheim
Telefon: 01 23 - 12 34 56 78
E-Mail: mustermann@email.ch

Musterfirma IT XYZ GmbH
Frau Lara Muster, Human Resources
Musterstraße 12
69000 Musterberg

E-Mail vom TT.MM.JJJJ, Bewerbung für den Bereich IT-Consulting

Sehr geehrte Frau Muster,

zunächst herzlichen Dank für Ihre freundlichen Worte per E-Mail und das Angebot, Ihnen
meine Bewerbungsunterlagen zusenden zu dürfen.

Mein Informatik-Studium werde ich im MM/JJJJ mit meiner Masterarbeit „ABC-Module
durch die 123-Programmierung" erfolgreich abschließen. Im Rahmen einer studentischen
Nebentätigkeit konnte ich bereits in den Bereichen PC-Vertrieb, Kundenakquisition und
Hotline-Service erste praktische Berufserfahrungen sammeln. Die Tätigkeitsschwerpunkte
lagen in der Kundenbetreuung sowie der Koordination von Kunden und Serviceabteilung.

Meine Arbeitsweise ist kooperativ, aber auch ziel- und qualitätsorientiert. Ebenso bin ich
in der Lage, mich schnell auch in unbekannte Bereiche einzuarbeiten. Als meine besonderen Stärken betrachte ich insbesondere meine Kunden- und Serviceorientierung.

Über eine Einladung zu einem Vorstellungsgespräch würde ich mich sehr freuen.

Mit freundlichen Grüßen

Mike Mustermann

Mike Mustermann

Bewerbungsunterlagen als PDF-Datei

Beispiel 3: Im Vorfeld fand ein Kontakt per E-Mail statt

Dr. Sabine Mustermann   TT. Monat. JJJJ
Musterweg 123
80000 Musterheim
Mobil: 01 23 - 12 34 56 78
E-Mail: mustermann@email.ch

Musterklinik GmbH
Frau Prof. Dr. Monika Muster
Musterstraße 12
69000 Musterstadt

Unser Gespräch auf der Gesundheitsmesse XY am TT.MM.JJJJ
Bewerbung als Assistentin/Stellvertretung der Klinikleitung

Sehr geehrte Frau Prof. Dr. Muster,

unser Gespräch auf der Gesundheitsmesse XY war für mich hochinteressant. Eine verantwortliche Aufgabe im Bereich Klinikleitung würde meinem Naturell und meinen Fähigkeiten sehr entgegenkommen.

Mein Psychologie-Studium habe ich im Jahr JJJJ mit der Gesamtnote 1,7 erfolgreich abgeschlossen. Durch das Thema meiner Doktorarbeit biete ich Ihnen schon jetzt fundierte
Kenntnisse in den Bereichen Wirtschaftlichkeitsrechnung und Personaloptimierung in Kli-
nikbetrieben. Mein Doktorvater war im Übrigen der renommierte Psychologe für XYZ-
Syndrome Herr Prof. Dr. Hans Prominentmustermann.

Meine wesentlichen Persönlichkeitsmerkmale sind mein analytisches Denkvermögen,
meine Problemlösungskompetenz sowie meine Entschlusskraft. Darüber hinaus zeichnen
mich Herzlichkeit, Einfühlungsvermögen und Patientenorientierung aus.

Ich bin kurzfristig verfügbar und würde mich über ein persönliches Gespräch sehr freuen.

Mit freundlichen Grüßen

Sabine Mustermann

Dr. Sabine Mustermann

Bewerbungsunterlagen

Beispiel 4: Im Vorfeld ergab sich ein Kontakt auf einer Messe

Bei der Mehrzahl aller Initiativbewerbungen müssen Sie lediglich das Bewerbungsschreiben individuell an die jeweilige Situation anpassen. An anderer Stelle dieses Ratgebers werden Ihnen noch Wege aufgezeigt, wie Sie erste Informationen über die zu besetzende Stelle herausfinden können, obwohl Ihnen kein ausformuliertes Stellenangebot vorliegt. Versuchen Sie in Ihrem Anschreiben einen Bezug zwischen Ihren Stärken und den Anforderungen auf der Arbeitgeberseite zu bilden.

Sie haben die Instrumente ‚Lebenslauf' und ‚Anschreiben' für die anstehenden Initiativaktivitäten erstellt. Lediglich die Zeugnisse, Zertifikate und sonstigen Belege sind noch hinzuzufügen.

3.1.5   Zeugnisse und Zertifikate

Es wird empfohlen, alle Zeugnisse, Zertifikate und sonstigen Belege im JPG- oder BMP-Format zu scannen. Die so entstehenden Grafikdateien können Sie dann in dieselbe Word-Datei einfügen, in der schon Ihr tabellarischer Lebenslauf enthalten ist (MS Word: Einfügen/Grafik/aus Datei). Direkt hinter Ihrem Lebenslauf erscheinen dann Ihre Zeugnisse und sonstigen Belege als Grafiken. So erhalten Sie in der Summe eine einzige und leicht handhabbare Datei. Sie kann für Bewerbungsmappe und Onlinebewerbung verwendet werden.

Diese Vorgehensweise erspart vor allem Zeit und Mühe. Falls noch eine nostalgische Bewerbungsmappe gewünscht wird, brauchen Sie die Datei lediglich auszudrucken und die Blätter in eine Mappe einzuheften. Falls der Onlineversand gefordert wird, hängen Sie dieselbe Datei der E-Mail an (natürlich als PDF - später mehr dazu).

Demnach arbeiten Sie in der Summe nur mit zwei Dateien. Die eine beinhaltet Ihren Lebenslauf inklusive Zeugnissen (Alternative: eine zusätzliche dritte Datei, in der ausschließlich Ihre Zeugnisse und Belege enthalten sind). Die andere Datei beinhaltet Ihr Anschreiben.

Die Vorbereitungen auf die Suche nach Ihrem Berufseinstieg sind damit nahezu abgeschlossen. Bevor der Startschuss fallen kann, sind noch ein paar wenige zeitliche und bürokratische Voraussetzungen zu erfüllen.

3.1.6   Aktivitätsplanung

Sie stehen kurz davor, einen entscheidenden Schritt in Ihrem Leben zu tun. Sie streben Ihre erste akademische Berufstätigkeit an. Einige Vorbereitungen sind zu treffen, die in Umfang und Ernsthaftigkeit der Bedeutung Ihres Vorhabens entsprechen sollten.

Es wird deshalb empfohlen, die Suche nach dem Berufseinstieg als eine Art Berufstätigkeit (in Teilzeit) aufzufassen. Zu einer bestimmten Uhrzeit starten Sie mit Ihren Aktivitäten und zu einer festen Tageszeit machen Sie Feierabend.

Ihr Tagesplan könnte beispielsweise folgendermaßen strukturiert sein:

- **09.00 - 10.00: E-Mails bearbeiten und Telefonate**

- **10.00 - 11.00: Bewerbungen erstellen und versenden**

- **11.00 - 12.30: Recherchearbeit und E-Mail-Anfragen**

- **12.30 - 13.00: Dokumentationsarbeiten**

Stehen in diesem Zeitraum unaufschiebbare Tätigkeiten an (Abschlussarbeit, Vorlesungen, Prüfungsvorbereitungen, etc.), können Sie Ihren Aktivitätsplan entsprechend auf nachmittags und/oder abends verlegen. Falls auch später keine zusammenhängende Zeitspanne zur Verfügung steht, verteilen Sie die Aktivitäten auf den gesamten Tag. Dabei sollten Sie sich allerdings auf einen konkreten Zeitplan festlegen.

- **Machen Sie mobil.**

Informieren Sie Ihre Familie, Umfeld und Ihre/n Partner/in, dass Sie zu den eingeplanten Tageszeiten beschäftigt sein werden. Es wird empfohlen, die tägliche ‚Arbeitszeit' zumindest für die ersten Wochen konsequent einzuhalten. Gleichzeitig sollten Sie sich ein festes Datum als Starttermin für Ihre Aktivitäten setzen. Bereiten Sie Ihren Arbeitsplatz zu Hause vor. Räumen Sie Ihren Schreibtisch entsprechend auf. Stellen Sie sicher, dass Sie dort in Ruhe arbeiten können.

Wird die Jobsuche mit einer Art Berufstätigkeit gleichgesetzt, resultieren daraus folgende Vorteile:

- Schnell wird ein hohes Niveau an Routine erreicht und beibehalten. Erheblich bessere Ergebnisquoten sind die Folge.

- Verschiedene Eindrücke von unterschiedlichen Arbeitgebern sowie neue Gesichtspunkte fallen in den gleichen Zeitraum. Sie können dadurch ganzheitlich bewertet werden.

- Daraus resultierende Jobangebote liegen zeitlich eng beieinander. Sie können so besser gegeneinander abgewogen werden. Zu- oder Absagen müssen nicht verschleppt werden, nur weil ausstehende Entscheidungen einzelner Arbeitgeber noch zu weit in der Zukunft liegen.

- Eine hohe Aktivitätsintensität steigert das Gefühl der Selbstbestimmtheit. Mehr Motivation und eine erfolgreichere Ausstrahlung sind die Folge.

- Täglich wechseln sich intensive Aktivitätsphasen mit Zeiträumen des Loslassens ab. Eine höhere geistige Leistungsfähigkeit wird erreicht.

Für die Aktivitäten im verdeckten Stellenmarkt sind PC und Internetzugang unabdingbar. Prüfen Sie, ob Ihre technische Ausstattung ausreichend funktionstüchtig ist. Vielleicht gönnen Sie sich einen schnelleren Internetzugang, ein paar Updates für Ihre PC-Programme oder Ähnliches.

Beispiel:

Frau C. wünschte ein Bewerbungscoaching. Da sie bis zuletzt auf die Zulassung für ein Master-Studium hoffte, war sie mit ihren Bewerbungsaktivitäten spät dran. Obwohl Sie einen guten Draht zu den Professoren hatte, wurde ihr die Zulassung für den Master-Studiengang verwehrt.

Dennoch war Frau C. hochmotiviert. Sie freute sich auf ihre erste akademische Berufstätigkeit. Sie war gerade mit dem Schreiben ihrer Bachelor-Arbeit befasst. Während der Prüfungszeit hatte sie keinen freien Kopf für Bewer-

bungsaktivitäten. Ab und zu sichtete sie zwar einige Online-Jobbörsen, doch einen professionellen Bewerbungseinstieg fand sie nicht. Gemeinsam erstellten wir einen Aktivitätsplan.

Frau C. würde das Manuskript ihrer Bachelor-Arbeit in zwei Wochen fertig geschrieben haben. Danach müsste es noch überarbeitet, formatiert und korrigiert werden. Gemeinsam legten wir fest, den Zeitraum zwischen der Fertigstellung des Manuskripts und den sich anschließenden Nacharbeiten zum Bewerbungsstart zu nutzen.

Um die Suche nach dem Berufseinstieg professionell anstoßen zu können, wurden für die Startphase vier Wochen veranschlagt. Alle weiteren Bewerbungsaktivitäten könnten dann parallel zu ihrer Bachelor-Arbeit erledigt werden. Die Aktivitäten sollten von Montag bis Freitag zwischen Uhr 10.00 und 15.00 stattfinden. Alle Termine, die in diesem Zeitraum lagen, wurden konsequent abgesagt. Frau C. räumte ihren Schreibtisch penibel auf. Alles, was nicht mit Bewerbungsaktivitäten zu tun hatte, wurde entsprechend verstaut. Die Software am PC wurde aktualisiert, ein PDF-Maker installiert und eine brandneue E-Mail-Adresse eingerichtet. Eine schnellere Internetverbindung gönnte sich Frau C. ebenfalls.

Ihre Mutter fand die Idee, das Ganze professionell anzugehen, sehr gut und spendierte ihr einen neuen Schreibtischstuhl. Ihrem Partner teilte Frau C. mit, dass sie zu den vereinbarten Tageszeiten keine Störung wünschte.

Am Tag X ging es los. Frau C. war konsequent und startete Punkt 10.00 Uhr ihre ‚Teilzeitbeschäftigung' zur Suche ihrer ersten akademischen Anstellung ihres Lebens.

Mit der Empfehlung konsequent eine feste Tagesstruktur einzuhalten, wurden in der Praxis erstklassige Ergebnisse erzielt.

■ **Es wird angeraten, den Tagesplan mindestens vier Wochen durchzuhalten.**

Der unbedingt notwendige ‚Anfangsschwung' wird schnell erreicht. Danach läuft vieles wie von selbst.

3.1.7 Zusammenfassung

Die Vorbereitungsphase ist nun abgeschlossen. Zu diesem Zeitpunkt sollten Sie Folgendes sichergestellt haben:

- **Die Bewerbungsunterlagen liegen als Dateien vor. Sie sind für die Print- und Onlineversion zugleich nutzbar.**

- **Der Starttermin ist festgelegt. Für die sich daran anschließenden Wochen sind täglich mehrere Stunden Zeiteinsatz möglich. Für diesen Zeitraum sind Störungen oder sonstige Ablenkungen unwahrscheinlich.**

- **Der Schreibtisch oder ein vergleichbarer Arbeitsplatz inklusive PC sowie Internetzugang ist entsprechend vorbereitet.**

- **Der angestrebte Tätigkeitsbereich oder die gewünschte Branche, mit denen zunächst begonnen werden soll, ist festgelegt.**

Alle Vorbereitungen sind getroffen. Die maßgeblichen Phasen im Rahmen von Initiativstrategien können beginnen. Jetzt starten Ihre Aktivitäten zur konkreten Suche nach Ihrem Berufseinstieg.

Die Recherchephase steht an. Die einzelnen zu Ihrer Zielgruppe gehörenden Arbeitgeber müssen nun ermittelt werden.

3.2 Recherchephase

Je nachdem, welche Arbeitgeberzielgruppe Sie anstreben, müssen Sie sich zu diesem Zeitpunkt auf die Suche nach einzelnen Unternehmen, Behörden, öffentlichen Einrichtungen oder sonstigen Institutionen machen. Später, in der Informationsphase, werden Sie die so gefundenen Arbeitgeber auf offene Einstiegspositionen ansprechen. Es ist deshalb sinnvoll, schon während der Recherchearbeit spätere Anfragemöglichkeiten vorzubereiten. Demgemäß sind erste Kontaktdaten wie Telefonnummern oder E-Mail-Adressen zeitgleich zu ermitteln.

In der Summe ist Folgendes zu recherchieren:

- **Für die angestrebte Tätigkeit oder Branche infrage kommende Arbeitgeber**

- **Telefonnummern und E-Mail-Adressen der Arbeitgeber**

Es gibt zahlreiche Wege, um potenzielle Arbeitgeber ausfindig zu machen. Die wichtigsten sind folgende:

- **Messebesuche**

- **Absolventen-Kongresse**

- **Daten aus veröffentlichten Stellenangeboten**

- **Umfeld**

- **Alltagskontakte**

- **Internet-Suchmaschinen**

- **Social- und Business-Communities**

- **Sonstige Interessengruppen**

Erfahrungsgemäß gelangen Sie mit einer Mischung aller Möglichkeiten am besten ans Ziel. Selbstverständlich sind Sie nicht gezwungen, alle aufgezählten Recherchemöglichkeiten in die Praxis umzusetzen. Vieles wird von Ihrem Grundnaturell, von Ihrer Fachrichtung und Ihren persönlichen Lebensumständen abhängig sein. Dennoch wird Ihnen ein Gesamtüberblick der wichtigsten Recherchevarianten vorgestellt. So haben Sie dann die freie Auswahl.

Das Minimalziel der Recherchephase ist die Erstellung einer Liste von Arbeitgebern. Sie sollen sich einen Überblick von demjenigen Teil des Arbeitsmarkts verschaffen, der Sie persönlich betrifft. Dabei werden Sie auch auf solche Unternehmensnamen stoßen, bei denen Sie im vorherein nicht sicher sind, ob sie für Sie zweckmäßig sein könnten oder nicht. Im Zweifelsfall nehmen Sie sie in Ihre Aufstellung mit auf. Sie haben nichts zu verlieren. An anderer Stelle werden Ihnen effektive und vor allem zeitsparende Techniken vorgestellt, um offene Positionen zu erfragen. Sie haben dann nicht viel Aufwand betrieben.

Es wird an dieser Stelle daran erinnert, dass sich manche Phasen innerhalb des vorgestellten Gesamtkonzepts überschneiden können. Manchmal kann man schon während der Recherchearbeit Kontakt aufnehmen und sich bewerben, also die notwendigen Aktivitäten der nachfolgenden Informations- und Bewerbungsphase erledigen. Aus Gründen der besseren Übersicht ist es dennoch notwendig, die Recherchephase isoliert zu betrachten.

Die verschiedenen Möglichkeiten zur Recherche werden im Folgenden näher beschrieben. Im sich anschließenden Kapitel „Informationsphase" erhalten Sie die dazu passenden Kontakttechniken.

3.2.1   Besuch von Messen

Insbesondere, wenn Sie sich bei Ihrer Arbeitgeberzielgruppe auf eine bestimmte Branche in der Privatwirtschaft festgelegt haben, ist der Besuch von Messen sicher der Königsweg. Sie treffen an einem einzigen Ort die Mehrzahl aller maßgeblichen Unternehmen. Es gibt Imagebroschüren, Geschäftsberichte und Infomaterial. Kontakte können direkt geknüpft werden. Sie erhalten E-Mail-Adressen, Telefondurchwahlen sowie die Namen der zuständigen Ansprechpartner. Zudem können Sie Informationen über interne Unternehmensstrukturen und zweckmäßige Wege zur Kontaktaufnahme erhalten. Es werden ideale Voraussetzungen zur Recherche geboten.

Beispiel:

Herr U. hatte gerade sein Maschinenbaustudium erfolgreich abgeschlossen. Er bat um ein Beratungsgespräch zum Thema Gehaltsverhandlungen. Seine Kommilitonen und er wurden zwar schon an der Hochschule von einigen Arbeitgebern umworben, allerdings war Herr U. mit den offerierten Einstiegskonditionen nicht zufrieden.

Auf meine Frage hin, ob er denn seine Branche sowie die zuständigen Ansprechpartner kennen würde, teilte er mit, dass er nur mit vier Unternehmen Gespräche geführt hatte. Ich empfahl ihm, mit weiteren Unternehmen Kontakt aufzunehmen, um die Chance auf bessere Angebote zu erhöhen.

Kurzerhand wurde der Begriff „Messe Maschinenbau" in eine Online-Suchmaschine eingegeben. Wir hatten Glück. Eine maßgebliche Messe stand an. An zwei Tagen wurde auch Privatpersonen Einlass gewährt.

Herr U. verfügte eher über ein fachlich orientiertes Profil. Er schätzte eine konzentrierte und von der Außenwelt abgeschottete Arbeitsweise. Eine ausgeprägte Kontakt- und Kommunikationsstärke war nicht Bestandteil seiner Persönlichkeit. Ich habe ihm daher empfohlen, sich nicht im Übermaß zu Gesprächen zu zwingen, sondern eher spielerisch Visitenkärtchen oder sonstige Infobroschüren einzusammeln. Für die Erstansprache fremder Personen wurden dennoch zwei bis drei simple Formulierungen einstudiert. Er solle sich in erster Linie einen Überblick von seiner Branche verschaffen. Zwei bis drei Bewerbungsmappen nahm Herr U. ebenfalls mit.

Zehn Tage später, zum zweiten Beratungstermin, erschien ein erleichterter Herr U. Er berichtete, dass er den ganzen Tag auf der Messe verbracht hatte. Und es bereitete ihm sogar sehr viel Spaß.

Etwas mehr als 300 Unternehmen hatten ausgestellt. Davon erschienen Herrn U. etwa 80 Aussteller als potenzielle Arbeitgeber interessant. Er sammelte von ihnen Visitenkärtchen und sonstige Informationen ein. Ebenso führte er einige kurze Gespräche. Obwohl die Messe per se die Themen Personalbeschaffung oder Karriereperspektiven nicht zum Inhalt hatte, wurde mein Kunde in acht Fällen ausdrücklich ermuntert, sich zu bewerben. Die unternehmensinternen Ansprechpartner und Kontaktdaten wurden ihm ebenfalls mitgeteilt.

Zwei etablierte Unternehmen der Branche waren sogar auf potenzielle Bewerber vorbereitet. Sie waren bereit Bewerbungsmappen anzunehmen. Es standen professionell vorbereitete Ordner zur Verfügung, in die der Zeitpunkt des Kontaktes, Berufswünsche und Gesprächsinhalte mit Bewerbern eingetragen werden konnten.

Einmal landete mein Kunde sogar einen Volltreffer. Ein maßgeblicher Entscheidungsträger war zufällig am Messestand, als Herr U. um ein Visitenkärtchen bat. Der Abteilungsleiter für den Bereich Entwicklung eines hochspezialisierten Anlagebauers lud ihn auf einen Kaffee ein. Sie unterhielten

> *sich zwanzig Minuten lang. Am Ende des Gesprächs hatte mein Kunde eine Gesprächseinladung für die darauffolgende Woche in der Tasche.*
>
> *So weit so gut. Wir gingen erst einmal daran, die eingesammelten Daten der übrigen ausgesuchten Unternehmen weiter zu bearbeiten.*

Falls Sie keine Möglichkeit haben, an einer gewünschten Messe teilzunehmen oder Privatpersonen keinen Einlass finden, dann versuchen Sie die entsprechenden Ausstellerlisten zu recherchieren.

> *Beispiel:*
>
> *Herr F. war frisch gebackener Chemiker. Er interessierte sich für den Bereich Wasseraufbereitung. Für ihn geeignete Messen fanden in den folgenden Wochen leider nicht statt.*
>
> *Er machte sich an die Arbeit, alle Messen im Internet zu recherchieren. Ausstellerlisten wurden gesucht. Leider gaben die Suchergebnisse entsprechende Informationen nicht preis. Daraufhin recherchierte er die jeweiligen Messeveranstalter. Er wollte telefonisch um die jeweiligen Ausstellerlisten bitten.*
>
> *Ich wies ihn darauf hin, dass es unwahrscheinlich wäre, dass unveröffentlichte Ausstellerlisten fremden Anrufern mitgeteilt werden. Herr F. war allerdings ein beharrlicher Mann. Schon beim ersten Anruf fiel er mit der Tür ins Haus. Er teilte der Dame am anderen Ende der Leitung mit, dass er Absolvent sei und er die Listen dringend für Initiativbewerbungen benötige. Fünf Minuten später ging eine entsprechende E-Mail ein.*

Mit dem Besuch von Messen werden regelmäßig positive Erfahrungen gemacht und beste Rechercheergebnisse erzielt.

3.2.2   Absolventen-Kongresse

Absolventen-Kongresse können natürlich ebenso besucht werden. Bereiten Sie sich entsprechend vor. Studieren Sie das Kongress-Programm vorab. Besorgen Sie sich im Vorfeld die Ausstellerliste und planen Sie den Besuchstag entsprechend. Zusätzlich können Sie dort auch allgemein gehaltene Vorträge, Gruppendiskussionen oder Firmenpräsentationen besuchen.

Auf solchen Veranstaltungen ist man auf Ihre Situation als Hochschulabsolvent vorbereitet. Zum Gespräch stehen meist Personalreferenten bereit. Auch tiefer gehende Fragen zum Bewerbungsprozedere und zu Karriereperspektiven im jeweiligen Unternehmen können unter Umständen beantwortet werden. Gleichzeitig haben Sie mit unterschiedlichen Branchen Kontakt. Zuständige Ansprechpartner können Sie entweder direkt kennenlernen oder im Fall der Abwesenheit schnell erfragen.

Die empfohlene Vorgehensweise ist mit der auf Branchenmessen vergleichbar. Verteilen Sie nicht wahllos Bewerbungsmappen an die Firmen. Suchen Sie eher das Gespräch, sammeln Sie Visitenkarten ein und machen Sie sich entsprechende Notizen. Nutzen Sie die Chance Informationen zu gewinnen, die Sie auf anderem Wege nicht so einfach erhalten könnten.

Das Ziel sollte immer sein, dass Sie den richtigen Ansprechpartner bzw. die richtige Ansprechpartnerin sowie die Kontaktdaten genannt bekommen. Damit können Sie sie/ihn später kontaktieren (später mehr dazu). So heben Sie sich von Ihren Konkurrenten/innen, Ihren sogenannten Mitbewerbern, besser ab.

3.2.3   Daten aus veröffentlichten Stellenangeboten

Obwohl dieser Ratgeber auf ausgeschriebene Positionen in Zeitungen oder im Internet nicht eingeht, kann der veröffentlichte Stellenmarkt für Recherchezwecke hervorragend genutzt werden. Falls Stellenangebote in den Print- und Onlinemedien einige Wochen lang gesichtet werden, erhält man einen ersten groben Überblick, welche Unternehmen in der bevorzugten Region gerade einstellen bzw. aktiv sind.

Sie sichten allerdings die Offerten nicht nach den Kriterien Ihres Berufswunschs, sondern danach, welche Arbeitgeber dahinterstehen. Sie sammeln passende Arbeitgeberdaten aus nicht passenden Stellenangeboten.

Beispiel:

Im Auftrag einer privaten Hochschule fanden Seminare zu den Themen Berufseinstieg und Bewerbungstechniken statt. Die Teilnehmerinnen und Teilnehmer belegten den Studiengang Medien und Kommunikation.

Frau T. war gerade dabei, sich auf die Abschlussprüfung vorzubereiten. Bereits vor und während ihres Studiums war sie im Rahmen von Praktika und Nebenjobs bei einigen Werbeagenturen tätig gewesen, ebenso als freie Redakteurin für eine kleine Tageszeitung.

Frau T. fing relativ spät an zu studieren. Nach ihrem Abitur absolvierte sie zunächst eine herkömmliche Berufsausbildung. Danach nahm sie eine Erziehungspause, bevor sie schließlich mit ihrem Studium begann. Sie war nun Anfang Dreißig und ihr schwebte eine Anstellung im PR-Bereich vor. Bei einem größeren Unternehmen, das allerdings nicht Bestandteil der Medienbranche sein sollte.

Ihre Arbeitgeberzielgruppe war also nicht branchenbezogen. Ich schlug ihr deshalb vor, mit einer bevorzugten Region zu beginnen. Als ersten Schritt sollte sie veröffentlichte Stellenangebote der letzen Wochen nach Unternehmensdaten sichten.

Wir beschlossen zunächst mit drei Tageszeitungen des gewünschten Ballungsraums zu beginnen. Auf den jeweiligen Internetpräsenzen der Zeitungsverlage konnten alle Inserate der letzten zwei Wochen online gesichtet werden. Insgesamt wurden mehr als 1.000 Anzeigen angezeigt. Wir klickten sie alle durch. Bei ca. fünfzig Anzeigen erschienen die dahinterstehenden Unternehmen als interessant. Frau T. speicherte die Anzeigen bzw. druckte sie aus.

Zusätzlich wurden die drei Online-Jobbörsen monster, jobscout24 und StepStone gesichtet. Frau T. gab die entsprechende Postleitzahl ein und begrenzte die regionale Suche auf 50 Kilometer. Insgesamt wurden mehr als 3.000 Stellenangebote angezeigt. Davon waren über die Hälfte Zeitarbeitsfirmen oder sonstige Personaldienstleister. Diese ließen wir außer Acht. Nach zwei Stunden Sichtungsarbeit hatte sie sich schlussendlich ca. 100 Unternehmen aus den angezeigten Stellenangeboten der betreffenden Region herausgepickt.

Der Teilnehmerin lagen nun ca. 150 Arbeitgeberdaten inklusive erster E-Mail-Adressen oder Telefonnummern vor. Die Informationsphase, das heißt die Suche nach offenen Stellen, konnte beginnen.

Falls Sie regional begrenzt recherchieren möchten, können Sie als ersten Schritt die Internetpräsenzen der Tageszeitungen aufrufen. Dort sind die möglichen Arbeitgeberdaten den Stelleninseraten zu entnehmen. Vielleicht kennen Sie ja jemanden, der grundsätzlich alle Zeitungsausgaben eine Zeit lang aufbewahrt. Das wäre natürlich ein Idealfall. Dann könnten Sie alle Angebote der vergangenen Monate sichten. Im Anschluss daran sollten Sie die für Ihre Branche maßgeblichen Fachzeitschriften durchgehen.

Bei Jobbörsen sind für Akademiker meist nur die größten Online-Anbieter sinnvoll. Die drei Marktführer sind:

1. **Monster/Jobpilot**

2. **Jobscout24**

3. **Stepstone**

Daneben gibt es natürlich noch einige (meist unbedeutende) branchenspezifische Online-Jobbörsen. Sie können durch Suchmaschinen gefunden werden.

3.2.4   Internet-Suchmaschinen

Bei der Recherchearbeit kommt dem Internet eine maßgebliche Bedeutung zu. Es ist eine ideale und schier unbegrenzte Fundgrube, um potenzielle Arbeitgeber ausfindig zu machen. So gehaltreich das World Wide Web ist, so dynamisch ist es leider auch. Hunderte von Internetpräsenzen werden täglich neu ins Netz gestellt. Ebenso verschwinden viele Homepages im gleichen Tempo. Zudem werden bestehende Seiten permanent upgedatet, verlinkt und modifiziert. Bei jeglicher Empfehlung für bestimmte Internetseiten besteht an dieser Stelle die Gefahr, dass sie in dem Moment, in dem sie ausgesprochen (bzw. abgedruckt) werden, bereits veraltet ist.

Der beste Weg, aktuelle Daten zu erhalten und sich in diesem Dickicht zurecht zu finden, ist der geübte Umgang mit Suchmaschinen. Wenn Sie täglich im Internet recherchieren, werden Sie darin schnell ein/e Meister/in werden.

Die drei weltweit wichtigsten Internet-Suchmaschinen sind:

■ **Google, Yahoo und Bing/MSN**

Alle anderen Suchmaschinen bzw. Megasuchmaschinen (auch die deutschspra-
chigen) übernehmen im Übrigen zu 90 Prozent die Ergebnisse der großen drei.
Demnach können Sie getrost eine der drei genannten Adressen nutzen.

Der etwas althergebrachte Spruch „Der Weg ist das Ziel" findet dabei seinen aktuellen Bezug. Werden Sie kreativ und entdecken Sie Ihren Spaß an ein bisschen
Detektivarbeit. Die klassische Surftechnik ist dabei die passende Vorgehensweise.

Beispiel:

*Frau E. war promovierte Psychologin. Zusätzlich verfügte sie über einen an-
erkannten Abschluss als Heilpädagogin. Die Schwerpunkte ihrer bisherigen
Praktika lagen in der Betreuung von verhaltensauffälligen Kindern. Ihre
Doktorarbeit hatte sich ebenso mit dem Thema befasst. Für ihre erste berufliche Station strebte sie den öffentlichen Dienst oder eine Anstellung in einer
etablierten Therapieeinrichtung an. Sie war zwar mobil, allerdings bevorzugte sie zunächst eine bestimmte Region.*

*Als ersten Schritt recherchierte sie in „Google-Maps" die wichtigsten Städte
und Ortschaften in der gewünschten Region. Danach gab sie in eine Suchmaschine die gefundenen Städtenamen kombiniert mit typischen psychologi-
schen Krankheitssymptomen bei Kindern ein. Dann ließ sie sich von den
Suchergebnissen treiben. Immer neue Internetseiten wurden entdeckt, auf
denen wiederum Links auf andere Online-Präsenzen zu finden waren. Eine
Vielzahl von Behörden, Einrichtungen und Institutionen ergaben sich auf
diese Weise.*

*Beispielsweise fand sie auf einer Seite für betroffene Eltern eine Liste für
entsprechend spezialisierte Kliniken. Immer neue Ideen für Suchbegriffe fie-
len ihr ein. Sie tippte auch Namen von Arzneimitteln ein, die Kindern in
den jeweiligen Situationen typischerweise verabreicht werden.*

*Es fing an, ihr Spaß zu machen. Schnell vergaß sie die Zeit und zwei Stun-
den waren verstrichen. Allerdings hatte sie dabei in der Summe fast 50 In-*

stitutionen, Behörden und Kliniken in der gewünschten Region recherchieren können.

Im Netz können auch Arbeitgeberlisten und Branchenverzeichnisse recherchiert werden. Zum Beispiel sind oft auf den Internetpräsenzen von Stadtverwaltungen, Regionen oder Gemeinden Branchenlisten zu finden (meist unter einem Button „Wirtschaft" oder „Gewerbe" o. Ä. versteckt). Falls regional begrenzt recherchiert wird, können dort ortsansässige Arbeitgeber gefunden werden. Die für die jeweiligen Internetseiten zuständigen kommunalen Verantwortlichen haben es in der Regel geschafft, dass dort ein hoher Anteil ansässiger Arbeitgeber gelistet wird.

Es gibt weitere wichtige Nutzungsmöglichkeiten von Suchmaschinen. Es wird oft der Fall eintreten, dass Ihnen lediglich der Name eines Unternehmens bekannt ist. Die fehlenden Daten, wie beispielsweise die genaue Unternehmensbezeichnung, Telefonnummern oder E-Mail-Adressen können dann leicht nachrecherchiert werden. In diesen Fällen ist auf den betreffenden Firmen-Homepages nach regionalen Standorten, Niederlassungen (bzw. Links) oder einfach nur nach dem „Impressum" zu suchen. Weiterführende betriebswirtschaftliche Informationen über unbekannte Arbeitgeber können ebenso entdeckt werden.

3.2.5   Umfeld

Eine oft vernachlässigte Ideenquelle ist das Umfeld. Nutzen Sie Ihre bereits bestehenden Beziehungen. Es sind aktuell Ihre wertvollsten Kontakte, um von infrage kommenden Arbeitgebern erfahren zu können. Leider wird dieses Potenzial von vielen Bewerbern (fast fahrlässig) außer Acht gelassen. Überprüfen Sie bitte, ob das auch bei Ihnen zutrifft. Grundsätzlich sollten Sie sich Folgendes fragen:

- **Welche Freunde und Bekannte bilden mein Umfeld?**

- **Habe ich sie informiert, dass ich auf Jobsuche bin?**

- **Wurden sie ausdrücklich gebeten, dass sie sich melden mögen, falls sie von interessanten Arbeitgebern oder offenen Positionen erfahren?**

Es wäre nicht das erste Mal, dass sich zufällig etwas ergibt, nur weil Freunde und Bekannte etwas konkreter informiert wurden. Lassen Sie keine Chance ungenutzt.

Beispiel:

Es fand ein einwöchiges Seminar für Arbeit suchende Hochschulabsolven-tinnen statt. Frau V., Kunsthistorikerin, nahm am Seminar teil. Sie konnte nach ihrem Studium den Berufseinstieg nicht finden.

Die Teilnehmerinnen wurden aufgefordert, ihr bestehendes Umfeld zu notie-ren. Danach sollten Sie die Liste entsprechend bewerten. Wer war alles über ihre Jobsuche konkret informiert? Und wer wurde bereits ausdrücklich gebe-ten, dass er sich melden möge, falls er zufällig von einer beruflichen Per-spektive hören sollte?

Unter der Zuhilfenahme von Assoziationslisten konnte Frau V. schließlich über 100 Namen notieren. Sie war sehr erstaunt über das Ergebnis. Sie war immer der Meinung, dass sie eigentlich niemanden kennen würde. Gemein-sam besprachen wir ihre Liste.

Die Teilnehmerin war eher eine introvertierte Persönlichkeit. Dennoch wür-de sie sich trauen, bei einigen der notierten Namen anzurufen, sagte sie. Die Telefonnummern hätte sie zur Hand oder wüsste bereits, wie sie sie heraus-finden könne. Sie wollte etwa 20 Bekannte informieren, dass sie ihr Studium nun beendet hätte und eine Anstellung in einem Museum oder Ähnlichem suchen würde.

Drei Tage später, am letzten Seminartag, teilte sie der Gruppe freudestrah-lend mit, dass sie für die kommende Woche zu einem Vorstellungsgespräch eingeladen wäre. Sie hatte unter anderem eine ehemalige Schulkameradin angerufen. Es stellte sich heraus, dass ihr Onkel der Leiter eines Museums war. Eine seiner Mitarbeiterinnen würde in drei Monaten für zwei Jahre in Erziehungsurlaub gehen. Das würde sich gut treffen, sagte der Onkel, da er bisher noch nicht dazu gekommen wäre, sich um einen entsprechenden Er-satz zu kümmern.

Drei Wochen später schrieb Frau V. per E-Mail: „Ich habe den Job".

Erfahrungsgemäß kennt man mehr Menschen, als man vermutet. Mit manchen ist man aktuell befreundet und andere schätzt man als gute Bekannte. Darüber hinaus fanden in der Vergangenheit viele Begegnungen statt. Oft erinnert man sich nicht mehr daran oder man hat sich aus den Augen verloren.

Die nachstehende Assoziationsliste soll Sie entsprechend inspirieren. Damit können Sie sich einige Personen wieder ins Gedächtnis rufen (nutzen Sie dafür wieder die Arbeitsblätter in Teil B):

- **Aktuelle Bekannte und Verwandte?**

- **Frühere Mitbewohner und Nachbarn?**

- **Spiel- und Schulkameraden?**

- **(Ex-) Kommilitonen/innen?**

- **Lehrer, Dozenten, Trainer und Professoren?**

- **Vereine oder sonstige Gruppen, in denen man aktiv war?**

- **Teilnehmer/innen von Kursen oder Seminaren?**

- **Mitreisende und Bekanntschaften im Urlaub?**

- **Umfeld des/der Partners/in?**

- **Vorgesetzte und Arbeitskollegen bei Nebenjobs und Praktika?**

Auch dafür sollten Sie sich einige ruhige Minuten gönnen. Gehen Sie Punkt für Punkt durch und erstellen eine Namensliste. Als erstes Hilfsmittel können Sie sich beispielsweise Ihre Fotoalben bzw. Fotodateien betrachten. Dabei wird Ihnen vieles wieder einfallen.

Wenn Sie sich die Namen notiert haben, sind weitere Fragen zu stellen:

- **Wer arbeitet wo?**

- **Wo arbeiten deren Angehörige oder Freunde?**

- **Sind darunter Arbeitgeber, die mich interessieren könnten?**

Bei manchen Menschen wird Ihnen der aktuelle Arbeitgeber bekannt sein. Beim Großteil allerdings nicht. Vielleicht möchten Sie einige Bekannte über Ihre Jobsuche informieren. Zugleich können Sie sie nach deren Arbeitgebern oder sonstigen Ideen fragen. Vielleicht ergibt sich ja etwas. Darüber hinaus kann es Freude bereiten, mal wieder etwas von sich hören zu lassen.

Speziell zu diesen privaten Konstellationen werden Ihnen später keine vorgefertigten Kontakttechniken geliefert. Sie sollten bei Ihrem bisherigen Verhalten und Sprachgebrauch bleiben. Erzwingen Sie nichts. Insbesondere bei der Recherche im privaten Bereich sollte der Spaßfaktor nicht zu kurz kommen.

3.2.6   Alltagskontakte

Im ganz normalen Alltag wird man permanent mit Namen von Unternehmen konfrontiert. Eine Vielzahl unterschiedlicher Ideen für mögliche Arbeitgeber drängt sich förmlich auf und könnte notiert werden. Viele Jobsuchende bemerken sie gar nicht. Stellen Sie sich nachfolgende Fragen:

- **An welchen Unternehmen, Behörden oder Einrichtungen fahre ich täglich mit meinem Auto, Fahrrad oder mit öffentlichen Verkehrsmitteln vorbei?**

- **Frage ich Menschen, die ich zufällig kennenlerne, bei welchen Arbeitgebern sie angestellt sind?**

- **Welche Unternehmen werden in TV und Radio erwähnt?**

- **Welche Arbeitgeber erscheinen auf Plakaten oder im Rahmen sonstiger Werbeauftritte, Bekanntmachungen und Veröffentlichungen?**

- **Bei welchem Unternehmen bin ich selbst Kunde (Rechnungen und Belege im Bürokratie-Ordner)?**

Ein sehr gutes Instrument ist ein mobiles Telefon mit integrierter Fotofunktion. Falls Ihnen irgendwo etwas auffällt, machen Sie einfach vom Firmenschild bzw. Logo schnell ein Foto. Zu Hause angekommen, können Sie es Ihren Rechercheergebnissen beifügen.

Beispiel:

Frau G. klagte, dass sie so gut wie keine Stellenangebote für Berufseinsteiger in ihrer Region finden könne. Sie war seit einem Jahr auf der Suche nach ihrem ersten Job. Ihren Sohn brachte sie bereits zu Beginn Ihres BWL-Studiums zur Welt. Sie war die überwiegende Zeit alleinerziehende Mutter. Dennoch zog sie ihr Studium zügig durch und erzielte eine hervorragende Abschlussnote.

Sie hatte vor kurzem geheiratet. Ihr Ehemann brachte ebenfalls ein Kind mit in die Ehe. Seine Beschäftigung würde in einem Jahr aufgrund eines befristeten Arbeitsvertrages beendet sein. Diesen Zeitpunkt wollte das Ehepaar nutzen. Sie beschlossen gemeinsam, dass der Ehemann ab diesem Zeitpunkt zu Hause bleiben würde, um die Kinder zu betreuen. Frau G. wollte dann ihre Karriere starten. Dann wären allerdings schon zwei Jahre seit Abschluss ihres Studiums vergangen. Das eine Jahr wollte sie auf jeden Fall nutzen, da Ihre Eltern gerade für die Kinderbetreuung bereitstehen würden. Es müsse etwas im näheren Umkreis gefunden werden.

Ich machte ihr entsprechende Vorschläge, um Arbeitgeber recherchieren zu können. Neben der Internetrecherche wollte sie sich auch persönlich vor Ort umschauen. Es war Frühling. Sie setzte sich jeden Tag vormittags, wenn die Kinder im Kindergarten bzw. in der Schule waren, auf ihr Fahrrad und erforschte mit ihrem Foto-Mobiltelefon die Stadt. Sie berichtete, dass sie erstaunt war, wie viele etablierte Unternehmen bzw. Niederlassungen bekannter Konzerne sie entdecken konnte.

Neben ihren übrigen Recherchearbeiten entdeckte sie mit ihrem Fahrrad etwa 30 Unternehmen, bei denen sie sich zumindest eine Bewerbung vorstellen konnte.

Und sie hatte Glück. Ein Marktführer im Bereich Elektrotechnik stellte sie später mit einem befristeten Einjahresvertrag ein. Sie teilte ihrem neuen Arbeitgeber natürlich nicht mit, dass dieser Zeitraum nahezu ideal für sie war.

Erfahren Sie bei anderen Gelegenheiten zufällig von interessanten Arbeitgebern, können Sie auf die gleiche Weise vorgehen. Tippen Sie den Namen oder sonstige Daten einfach in Ihr Mobiltelefon ein oder notieren Sie sich die Infos auf einem

Zettel. Am Schreibtisch angekommen, können Sie Ihre Ideen, Fotos und Stichworte durch eine kurze Internetrecherche vervollständigen und so Ihre Arbeitgeberliste ergänzen.

3.2.7   Social- und Business-Communities

Neben den bekannten Adressen wie Xing, Facebook und Co. gibt es eine Unmenge von Online-Communities.

Alle haben ein gemeinsames Manko. Die persönliche bzw. emotionale Komponente fehlt. Werden Kontakte wie Briefmarken gesammelt, entstehen sogenannte Schein-Netzwerke. Der Volksmund sagt, dass erfolgreiche Menschen keine Zeit haben für Online-Networking. So mag es tatsächlich sein. Reinrassige Internet-Netzwerke werden zumindest für den Neuaufbau beruflicher Kontakte maßlos überschätzt.

Dennoch werden sie hier betrachtet, da sie für die Recherche von Arbeitgeberdaten und Ansprechpartnern genutzt werden können.

Beispiel:

Ein Teilnehmer eines Zwei-Wochen-Seminars war ein begeisterter Anhänger von Online-Netzwerken. Sein zweites Staatsexamen im Rahmen seines Jura-Studiums hatte er vor einem halben Jahr erfolgreich bestanden. Er fand allerdings den Berufseinstieg nicht.

Er war Premium-Mitglied bei dem Marktführer für Business-Communities. Sein dort bestehendes Netzwerk umfasste etwa 500 ‚Bekannte‘. Nahezu täglich recherchierte er dort neue Kontakte, surfte in den Jobangeboten und sichtete Firmenpräsentationen. Durch seine zahlreichen Aktivitäten erhielt er natürlich sehr viele Feedbacks. Sie mussten täglich gesichtet, bearbeitet und beantwortet werden.

Ich war immer wieder erstaunt, dass dieser Teilnehmer stundenlang hochkonzentriert in seiner Online-Community verweilen konnte. Selbst in den Pausen. Immer wieder betonte er, dass da „vieles laufen würde". Einige Bewerbungsunterlagen hätte er auch schon versenden können. Ich musste ihn immer wieder motivieren, auch andere Recherchetechniken anzuwenden.

Irgendwann machte ich ihm den Vorschlag, seine Online-Kontakte sowie An-
frageaktivitäten gemeinsam zu analysieren. Erfreut stimmte er zu. Wir un-
tersuchten, welche Personen bisher kontaktiert wurden und wer positiv rea-
giert hatte.

Es stellte sich heraus, dass die überwiegende Mehrzahl, die interessiert ant-
wortete, ebenso sogenannte Kontaktesammler waren. In der Hauptsache wa-
ren sie Inhaber von Ein-Mann-Firmen, die neue Kunden für ihre Dienstleis-
tungen suchten. Oder, es waren Menschen, die selbst keinen Job hatten. Auf
meine Frage hin, mit welchen Personen seines Onlinenetzwerks er bereits
persönlich gesprochen hatte, teilte er mir mit, dass dies in keinem Fall bisher
geschehen sei.

Darüber hinaus war auffällig, dass diejenigen Kontakte, die tatsächlich für
den jungen Juristen interessant gewesen wären, meist gar nicht reagierten.
Der Teilnehmer war jetzt schon über zwei Jahre in diesem Online-Netzwerk.
Letztendlich hatte sich nie etwas Konkretes ergeben.

Er stimmte zu, dass es für einen Absolventen vielleicht noch nicht das opti-
male Instrument sei. Später, wenn er sich zu einem beruflichen Könner ent-
wickelt hat, wird er einen anderen Status genießen und eher interessante be-
rufliche Kontakte anziehen.

Dennoch konnte er seine Premium-Mitgliedschaft gewinnbringend nutzen.
Durch andere Recherchevarianten lagen ihm einige Ansprechpartner von
möglichen Arbeitgebern vor. Er tippte sie in die Suchmaske ein. Es war
hochinteressant, welche weiterführenden Informationen sich ergaben. Er sah
deren unternehmensinterne Positionen, manchmal waren Lebensläufe einge-
stellt und einige Ansprechpartner stellten sich als uninteressant heraus. Er
konnte seine bisherige Rechercheliste besser bewerten und seine weitere Vor-
gehensweise entsprechend abstimmen.

Online-Communities dienen sehr gut zur Recherche von Zusatzinformationen. Es
werden an dieser Stelle keine konkreten Empfehlungen für Online-Communities
ausgesprochen. Erstens soll keine Schleichwerbung betrieben werden, zweitens
kann heute niemand abschließend die jeweilige Seriosität in Sachen Datenschutz
bewerten. Bei entsprechender Vorsicht können Sie sicher die Marktführer nutzen.

Erfahren Sie von einem neuen Namen, kann dieser schnell bei „Xing", „Facebook"
oder „MySpace" eingetippt bzw. ‚gegoogelt' werden. Und es ist immer wieder
interessant, was da alles an Suchergebnissen erscheint.

Darüber hinaus dienen solche Communities als Ideengeber. Falls Sie zurzeit ein
engagiertes Mitglied eines Online-Netzwerks sind, können Sie Ihre bestehenden
(und persönlich bekannten) Kontakte durchgehen und sich inspirieren lassen.
Stellen Sie sich wieder nachstehende Frage:

- **Wer arbeitet wo und wer kann mir dahingehend interne Ansprechpartner nennen?**

Am Rande soll auch der umgekehrte Fall erwähnt werden. Sie selbst sind Anlass
zur Recherche. In das Netz gestellte persönliche Daten oder Fotos können von
künftigen Arbeitgebern gefunden werden. Falls Sie ernsthaft an einer anspruchs-
vollen Karriere interessiert sind, sollten Sie keine privaten Daten ins Netz stellen.
Das gilt insbesondere für Privatfotos. Als Ausnahme gilt lediglich Ihr ‚offizielles'
Bewerbungsfoto.

Beachten Sie bitte grundsätzlich, dass Daten im Internet sehr schwierig oder letztendlich gar nicht löschbar sind. Alles wird für immer irgendwo gespeichert bleiben. Selbst dann, wenn Sie einen Anbieter dazu bewegen können, bereits eingestellte Daten zu löschen, können Sie davon ausgehen, dass zwischenzeitlich ir-
gendein anderer Online-Dienstleister Ihre Daten weiterverarbeitet hat.

- **Ins Internet eingestellte Daten verhalten sich wie Tätowierungen.
Sich einmal dazu entschieden, bekommt man sie nicht mehr so
leicht wieder los.**

Im Übrigen gibt es heute IT-Dienstleister, die im Auftrag von Arbeitgebern das
Internet nach Bewerbern oder Beschäftigten professionell durchforsten. Dazu
wird lediglich ein Foto von der betreffenden Person benötigt. Die digitale Bild-
kennungstechnik macht alles Weitere.

3.2.8   Sonstige Interessengruppen

Je nachdem, welche Arbeitgeberzielgruppe recherchiert wird, ist die Kontaktaufnahme zu folgenden Organisationen in Betracht zu ziehen:

■ Career-Service der Studentenwerke

■ Asta

■ Alumni-Netzwerke

■ IHK und Branchenverbände

■ Sonstige berufsspezifische Vereinigungen

Das Ziel ist immer das Gleiche. Sie erfragen bestehende Verbindungen zu Arbeit-geber und Ansprechpartnern. Oft werden auch Veranstaltungen angeboten, in denen der Kontakt zu Arbeitgebern ermöglicht wird.

Vollständigkeitshalber wird an dieser Stelle auch auf externe Netzwerke hinge-wiesen. Solche Beziehungsgeflechte, wie es beispielsweise Studentenverbindun-gen, Clubs, Interessensgemeinschaften und sonstige Zirkel darstellen, weisen eher einen geschlossenen Charakter auf. Sie sind auch nicht jedermanns Sache. Das Vorankommen in solchen Beziehungsgeflechten erfordert unter Umständen Zeit und Engagement. Man muss sich zunächst etablieren. Bei hochwertigen Netzwer-ken benötigen Außenstehende zudem persönliche Empfehlungen, um den Zugang finden zu können. Liegen diese vor und der Eintritt ist geschafft, muss bedächtig vorgegangen werden. Vertrauen und erste Kontakte sind aufzubauen.

Das Alles benötigt viel Zeit. Sie hingegen benötigen schnelle Ergebnisse. Darüber hinaus ist das Ganze auch von Ihrem Naturell abhängig. Falls Sie nicht bereits in solchen Netzwerken engagiert sind, brauchen Sie den Aufwand für den jetzt an-stehenden Berufseinstieg nicht zu betreiben. Die in diesem Ratgeber vorgestellten übrigen Recherchevarianten sind völlig ausreichend, um genügend interessante Ansprechpartner ausfindig machen zu können.

3.2.9   Zusammenfassung

Letztendlich haben Sie in der Recherchephase nichts anderes zu tun, als potenziel-le Arbeitgeber zu sammeln. Sie recherchieren denjenigen Teil des Arbeitsmarkts, der Sie persönlich betrifft. Am Ende der Recherchephase sollten Sie Ihre Arbeitge-berzielgruppe als Liste o. Ä. vorliegen haben. Als Mindestkriterium liegen Ihnen dann folgende Daten vor:

■ **Eine Aufstellung potenzieller Arbeitgeber.**

■ **Die dazugehörigen E-Mail-Adressen bzw. Telefonnummern.**

In manchen Fällen liegt Ihnen zu diesem Zeitpunkt schon der zuständige Ansprechpartner, die Durchwahlnummer oder die direkte E-Mail-Adresse vor. Obwohl das Vorhandensein dieser Informationen ideal wäre, sind diese Daten an dieser Stelle noch nicht zwingend erforderlich. Sie werden im Rahmen der nächsten Phase, der Informationsphase, sowieso ermittelt.

3.3 Informationsphase

Nun geht es darum, konkrete Informationen über offene Einstiegspositionen zu erhalten. Mit den bisher recherchierten Unternehmen, Behörden oder Institutionen müssen Sie Kontakt aufnehmen. In der Hauptsache benötigen Sie folgende Informationen, bevor Sie sich bewerben können.

■ **Name, Telefondurchwahl und/oder die direkte E-Mail-Adresse des zuständigen Ansprechpartners.**

■ **Informationen, ob und wann eine Position vakant und eine Bewerbung sinnvoll ist.**

Wie hinlänglich erläutert, wird ausdrücklich empfohlen, sich erst dann zu bewerben, wenn ein Arbeitgeber dafür ‚grünes Licht' gegeben hat. Weil die meisten Jobsuchenden den direkten Kontakt zum potenziellen Arbeitgeber scheuen, werden Unterlagen meist zu früh versendet.

Natürlich ist es bequem, Bewerbungsunterlagen ohne vorherige Klärung grundsätzlicher Informationen zu versenden. Man hat das Gefühl, aktiv gewesen zu sein. Zugleich unterliegt man nicht dem Risiko der persönlichen Ablehnung. Dabei schreibt man einfach an eine „Personalabteilung" (obwohl heute die wenigsten betreffenden Abteilungen noch so bezeichnet werden), eröffnet unpersönlich das Anschreiben mit „Sehr geehrte Damen und Herren" und hofft, dass sich irgendjemand beim Arbeitgeber damit befassen wird. Man verfolgt die gleiche Strategie wie Tausende anderer Bewerber und rechnet in keiner Weise damit, dass die Arbeitgeber mit der Bearbeitung eingehender Bewerbungsdaten überhaupt nicht mehr nachkommen.

Erstaunlicherweise gibt es immer wieder Jobsuchende, die sich bei dieser nostalgischen Strategie über mangelndes Feedback entrüsten. Sie beschweren sich dann, dass sie vom angeschriebenen Arbeitgeber keine Rückmeldung bekommen oder darüber, dass sie ihre Bewerbungsunterlagen nicht mehr zurückerhalten. Obwohl niemand im Vorfeld diese Bewerberinnen und Bewerber darum gebeten hat, Unterlagen zu versenden, erwarten sie dennoch Engagement auf der Arbeitgeberseite. Nach dem Motto: „Ich mache mich im Vorhinein nicht schlau, ob eine Bewerbung sinnvoll ist. Ich nehme keine Mühen der Kontaktaufnahme auf mich. Ich sitze viel lieber zu Hause und versende bequem, planlos und pauschal meine Unterlagen und die Gegenseite soll sich gefälligst selbst den Kopf darüber zerbrechen, ob sie einen Job haben für mich oder nicht".

Oft hört man sogar von Menschen, die sich hunderte Male beworben haben. Und tatsächlich hätte sich nie etwas ergeben. Werden solche Fälle genauer unter die Lupe genommen, stellt sich meist heraus, dass sich die Betroffenen lediglich auf das Erstellen und ‚das Eintüten' von Bewerbungsunterlagen spezialisiert haben. Allerdings nicht auf das Bewerben auf freie Positionen.

Sie hingegen sollten cleverer agieren und auf das planlose und unpersönliche Versenden von Bewerbungsunterlagen verzichten. Sie nehmen Kontakt auf und holen im Vorfeld Informationen ein. Solange das Gros der Jobsuchenden noch Bewerbungsstrategien vergangener Zeiten verfolgt, ist Ihr Vorsprung desto größer. Und Sie können beruhigt sein, dass das auch weiterhin so bleiben wird. Erfahrungsgemäß hält (trotz Aufklärung) die überwiegende Mehrzahl aller Bewerber an den althergebrachten Techniken fest. Schließlich ist der ‚alte Weg' mehr als bequem und man braucht sich nicht zu überwinden, fremden Menschen ein paar wenige Fragen zu stellen.

Natürlich muss auch ausgesprochen werden, dass die Kontaktaufnahme nicht immer gelingt. Ist die direkte Kommunikation mit Ihren Ansprechpartnern nicht möglich oder werden Ihnen weiterführende Informationen verweigert, bleibt Ihnen nichts anderes übrig, als pauschal Bewerbungsunterlagen zu versenden. Dennoch sollten Sie immer versuchen diese unvorteilhafte Ausgangssituation zu vermeiden. In der Mehrzahl aller Fälle ist das realisierbar.

Beispiel:

Herr I. hatte ein Unternehmen recherchiert, bei dem er sich sehr gut vorstellen konnte, sich zu bewerben. Es handelte sich um einen internationalen Chemie-Konzern. Er entdeckte den Arbeitgeber auf einem Stellenangebot, das für ihn selbst unpassend war. Die E-Mail-Adresse einer Personalreferentin war ebenfalls angegeben. Er schrieb ihr ein E-Mail und fragte nach, ob für denjenigen Bereich, der für ihn interessant war, ebenso eine Bewerbung sinnvoll sein könnte. Daraufhin erhielt er die knappe Antwort, dass er sich gerne online auf dem entsprechenden Bewerberportal der Internetseite des Chemiekonzerns bewerben könne. Herr I. schaute sich dieses Onlineportal des Unternehmens näher an und erkannte, dass es sich um eine der gängigen Online-Masken für Bewerber handelte. Er bezweifelte, dass er dort in der Masse auffallen würde. Schließlich ging es um einen allgemein bekannten Großkonzern. Er befürchtete, dass er dabei nur einer von zahllosen Bewerbern wäre. Außerdem hätte er seine Daten zeitraubend einzeln eintippen müssen.

Herr I. ließ deshalb nicht locker. Er schrieb zurück, ob es denn eine/n zuständige/n Ansprechpartner/in gäbe. Daraufhin erhielt er per E-Mail eine noch knappere Antwort. Sie beinhaltete lediglich den Vor- und Zunamen einer Kollegin - allerdings inklusive E-Mail-Adresse.

Erfreut über die weiterführende Information, schrieb Herr I. nun dieser zuständigen Mitarbeiterin nochmals die gleiche Frage, ob eine Bewerbung sinnvoll sein könnte.

Er erhielt zwei Tage später die Antwort: „Gerne können Sie Ihre Unterlagen per Dateianhang zu meinen Händen senden." „Geht doch", sagte Herr I. zu sich selbst.

Ihr Ziel sollte immer die Kontaktaufnahme im Vorfeld sein. Nur so können Sie die Wahrscheinlichkeit erheblich erhöhen, dass Ihre Unterlagen nicht irgendwo im Unternehmen untergehen und unberücksichtigt bleiben. Und vor allem belästigen Sie keine Arbeitgeber mit unerwünschten Bewerbungen. Zudem unterliegen Sie keinen falschen Hoffnungen, aktiv gewesen zu sein.

Vielleicht liegen Ihnen aus der Recherchephase hunderte potenzieller Unternehmen (bzw. öffentliche Einrichtungen) vor. Diese sind nun zu bearbeiten und zu kontaktieren. Erfahrungsgemäß besteht dabei die Gefahr, zu viel wertvolle Zeit zu vergeuden, indem ein zu hoher Aufwand betrieben wird. Die Folge sind zu wenige Anfragen. Daraus resultiert, dass zu wenige freie Stellen entdeckt werden und die Anzahl der Bewerbungen zu gering ist. Die Bedeutung jeder einzelnen Bewerbung wird zu groß und der Erfolgsdruck wächst stetig an. Das sind natürlich nicht die besten Voraussetzungen, um erfolgreich den Berufseinstieg finden zu können. So lassen sich positive Ergebnisse nur schwer realisieren.

Einfache und schnelle Kontaktstrategien sind deshalb sinnvoller. Nur so können Sie es schaffen, eine wirklich große Menge von Arbeitgebern auf freie Stellen ‚abzuklopfen'. Je mehr Arbeitgeber Sie kontaktieren, desto besser wird Ihre Erfolgsquote sein, um verdeckte Stellen finden zu können. Je mehr offene Einstiegspositionen Ihnen vorliegen, desto komfortabler wird Ihre anschließende Bewerbungsphase verlaufen.

Es gibt grundsätzlich drei Möglichkeiten Kontakt aufzunehmen:

- ■ **Telefonisch**

- ■ **Per E-Mail**

- ■ **Persönlich**

Für alle drei Varianten werden nun kurze und effektive Gesprächsleitfäden bzw. Texte vorgestellt. In der Praxis haben sie sich als die mit den besten Ergebnissen herauskristallisiert.

An dieser Stelle soll nochmals erwähnt werden, dass Sie sich noch nicht in der Bewerbungsphase befinden. Sie möchten lediglich offene Positionen entdecken und/oder den zuständigen Ansprechpartner herausfinden. Nichts weiter. Unterliegen Sie nicht der Versuchung sich zu früh mit allem Drum und Dran bewerben zu wollen.

3.3.1   Telefongespräche

Insbesondere durch Telefonate können wichtige Informationen unbürokratisch und gehaltvoll eingeholt werden. Zusätzlich besteht immer wieder die Chance, Insidertipps oder unerwartete Empfehlung zu erhalten.

Für Bewerber, die im Umgang mit dem Telefon noch ungeübt sind, wird Folgendes empfohlen:

- **Die meisten Menschen klingen beim Telefonieren dynamischer, wenn sie währenddessen stehen/gehen und/oder geschäftsmäßig gekleidet sind.**

- **Lächeln Sie während des Telefonats. Der Klang Ihrer Stimme wird sich entsprechend positiv verändern.**

- **Meist wird man erst nach vier bis fünf Telefonaten ,warm'. Bevor Sie zu telefonieren beginnen, setzen Sie sich das Ziel einer Mindestanzahl von Anrufen in Folge. Als Minimum werden zehn Telefonate empfohlen.**

- **Stellen Sie sich darauf ein, dass es auch negative Telefonate geben wird. Es gibt Fälle, in denen Ihr Gegenüber frustriert oder einfach ,mit dem falschen Fuß morgens aufgestanden ist'. Die Laune Ihres Gesprächspartners hat nichts mit Ihnen zu tun.**

- **Treffen Sie darüber hinaus auf ,Wichtigtuer', ,Besserwisser', ,Eierköpfe' oder ,Spitzbuben', bleiben Sie gelassen und üben Sie Toleranz.**

Für manche Berufseinsteiger ist die telefonische Kontaktaufnahme sicher ungewohnt. Viele Bewerber scheuen sich davor. Falls auch Sie Bedenken haben, überwinden Sie sich bitte. Es wird sich lohnen. Sie sollten täglich telefonieren. Damit werden Sie schnell in Übung kommen. Nach vier Wochen werden Sie überzeugt sein, dass es sich mehr als rentiert hat.

Die einzige Herausforderung besteht darin, dass Sie sich einer bestimmten Erfolgsquote zu stellen haben:

■ **Bei mindestens 10 Prozent aller Anrufe werden Sie entweder eine offene Position entdecken, das o.k. für eine Bewerbung oder die Kontaktdaten des zuständigen Ansprechpartners erhalten.**

Diese Fälle können Sie sich als ‚Treffer' oder als ‚Ja' verbuchen. Den Rest legen Sie gedanklich als ‚Nein' ab.

■ **Je mehr Telefonate Sie führen, desto höher ist die Wahrscheinlichkeit, einen ‚Treffer' zu erzielen.**

Es ist alles eine Frage der Quote. Akzeptieren Sie bitte die Tatsache, dass Sie einige ‚Neins' wegstecken müssen. Werden Sie dann mit einem ‚Treffer' belohnt und entdecken eine freie Stelle, werden Sie wahrscheinlich eine/r von Wenigen sein, die über diese Informationen verfügen. Den Wettbewerb mit anderen Bewerbern haben Sie dann auf ein Minimum reduziert. Im Umkehrschluss heißt das:

■ **Eine bestimmte Anzahl von ‚Neins' ist notwendig, um letztendlich einzigartige Informationen erhalten zu können.**

Im Übrigen werden Sie oft mit untergeordneten Mitarbeitern/innen Ihres Ansprechpartners telefonieren. Manchmal zeigt man sich solidarisch (sozusagen unter der Hand - von Arbeitnehmer zu Arbeitnehmer). Sie erhalten dann wertvolle Tipps über künftige Einstellungen oder Unternehmensspezifika („Von mir haben Sie es nicht, aber ich weiß, dass Frau Mustermann in einem Vierteljahr XY plant"). Diese Aussagen sind dann echte ‚Volltreffer'. Solche Insiderinformationen sind die gerechte Entlohnung für zuvor erhaltene ‚Neins'.

Erfahrungsgemäß stellen sich viele Jobsuchende das Telefonieren viel zu kompliziert vor. Deshalb werden jetzt einige Leitfäden für den Gesprächseinstieg vorgestellt. Sehr simple und kurze Formulierungen sind in der Praxis am erfolgreichsten. Ist der Beginn des Telefonats erst einmal geschafft, läuft alles Weitere meist wie von selbst.

3.3.1.1   Variante 1: Der zuständige Ansprechpartner liegt noch nicht vor. Sie haben sich auf keinen speziellen Einsatzbereich festgelegt.

Es wird Situationen geben, in denen Ihnen zwar der recherchierte Arbeitgeber sehr interessant erscheint, Sie sich allerdings noch nicht über Ihren dort angestrebten Tätigkeitsbereich im Klaren sind. Oder Sie möchten sich zunächst ganz bewusst auf kein bestimmtes Aufgabengebiet festlegen. Schließlich könnte auch von der Arbeitgeberseite ein interessanter Vorschlag unterbreitet werden.

Grundsätzlich streben Sie in erster Linie die Nennung der/s zuständigen Mitarbeiters/in an bzw. möchten sich die Zusage für eine Bewerbung abholen. Den nun folgenden Gesprächsleitfaden müssen Sie lediglich auf Ihren persönlichen Studiengang bzw. auf den Zeitpunkt Ihres Abschlusses modifizieren.

Sie haben jetzt die vorab recherchierte Telefonnummer gewählt und am anderen Ende der Leitung meldet sich jemand. Das Gespräch beginnt:

> *„Schönen guten Tag, mein Name ist Sabine Mustermann. Ich werde im Frühjahr 2012 mein Studium der Volkswirtschaftslehre abschließen und würde mich bei Ihrem Unternehmen sehr gerne bewerben. Können Sie mich bitte weiterverbinden?"*

Wenn Sie verbunden sind:

> *„Schönen guten Tag, mein Name ist Sabine Mustermann. Ich werde im Frühjahr 2012 mein Studium der Volkswirtschaftslehre mit dem Master of Science abschließen und würde mich bei Ihnen sehr gerne bewerben. Wäre das aktuell sinnvoll?"*

Falls Sie ein ‚Ja' hören, sind folgende weiterführende Fragen zu stellen:

> *„Sind Sie selbst mein/e persönliche/r Ansprechpartner/in?"*

> *„Wünschen Sie meine Unterlagen per Post oder E-Mail?"*

> *„Wie ist bitte Ihre korrekte Schreibweise?"*

Falls sich das Gespräch zum Plaudern entwickeln sollte:

> *„Ist in einem ganz bestimmten Bereich eine Stelle zu besetzen oder gibt es weitere vakante Positionen?"*

> *„Könnten Sie vielleicht noch ein paar Worte über die betreffende Position verlieren?"*

„Welche spezifischen Kenntnisse und Fähigkeiten sollte ich Ihrer Meinung nach mitbringen?"

„Was ist Ihnen bei Bewerbungsunterlagen besonders wichtig?"

„Welche Erwartungshaltung haben Sie grundsätzlich an Bewerber?"

„Welche Tätigkeitsbereiche haben aus Ihrer Sicht die besten Karriereaussichten?"

„Haben Sie für mich noch einen grundsätzlichen Tipp?"

Falls Sie ein ‚Nein' oder Ähnliches hören:

„Ist es zweckmäßig, sich zu einem späteren Zeitpunkt erneut zu melden?"

„Darf ich Ihnen eine letzte Frage stellen? Haben Sie eventuell einen Tipp, bei welchem Unternehmen ich noch anfragen könnte?"

3.3.1.2   Variante 2: Der zuständige Ansprechpartner liegt noch nicht vor. Sie suchen den Einstieg in einem bestimmten Bereich.

Diese Situation entspricht der vorherigen Variante, allerdings streben Sie in diesem Fall einen bestimmten Tätigkeitsbereich beim recherchierten Arbeitgeber an.

„Schönen guten Tag, mein Name ist Sabine Mustermann. Ich werde im Frühjahr 2012 mein Studium der Volkswirtschaftslehre abschließen und würde mich gerne für den Bereich Marketing bewerben. Können Sie mich bitte weiterverbinden."

Wenn Sie verbunden sind:

„Schönen guten Tag, mein Name ist Sabine Mustermann. Ich werde im Frühjahr 2012 mein Studium der Volkswirtschaftslehre mit dem Master of Science abschließen und würde mich sehr gerne für den Bereich Marketing bewerben. Wäre das aktuell sinnvoll?"

Alle weiteren Fragen wie Variante 1 ...

3.3.1.3 Variante 3: Der Name des Ansprechpartners wurde Ihnen empfohlen. Ein persönlicher Kontakt fand bisher nicht statt.

Sie haben bei dieser Variante den zuständigen Ansprechpartner über Dritte genannt bekommen. Beispielsweise über einen Bekannten, auf einer Messe oder durch einen sonstigen Kontakt.

Auch hier gibt es keinen Grund, auf die Einholung weiterführender Informationen zu verzichten. Es könnte durchaus sein, dass sich der Ansprechpartner kurzfristig geändert hat oder erhaltene Angaben fehlerhaft sind. Die Zusage, ob eine Bewerbung erwünscht ist, haben Sie aus erster Hand ebenso noch nicht vorliegen. Im Übrigen kennen Sie den richtigen Bewerbungszeitpunkt auch noch nicht.

> *„Schönen guten Tag, mein Name ist Sabine Mustermann. Ich möchte gerne Frau Lara Muster sprechen.*

Falls nach dem Grund gefragt wird:

> *„Ich werde demnächst mein Studium der Volkswirtschaftslehre abschließen. Frau Muster wurde mir von Herrn/Frau XY als Ansprechpartnerin empfohlen. Ich möchte mich gerne bei Ihrem Unternehmen bewerben."*

Wenn Sie verbunden sind:

> *„Guten Tag Frau Muster, mein Name ist Sabine Mustermann. Schön, dass ich Sie gleich erreiche. Sie wurden mir von Herrn/Frau XY als meine Ansprechpartnerin genannt. Ich werde im Frühjahr 2012 mein Studium der Volkswirtschaftslehre mit dem Master of Science abschließen und würde mich sehr gerne bei Ihnen bewerben. Wäre das aktuell sinnvoll?"*

Alles Weitere wie Variante 1 ...

Falls der Ihnen vorliegende Ansprechpartner nicht stimmen sollte oder Sie nicht verbunden werden:

> *„Vielleicht können Sie mir weiterhelfen. Welchen Weg würden Sie mir empfehlen, um mich erfolgreich bei Ihrem Unternehmen bewerben zu können?"*

Verfügen Sie über Referenzen, werden Sie eine deutlich bessere Quote beim Telefonieren erreichen. Zudem ist man eher bereit, Ihnen gehaltvollere Auskünfte zu erteilen. Können Sie sich auf Dritte beziehen, erhöht das die Effektivität von Kontaktaufnahmen erheblich.

3.3.1.4 Variante 4: Der Name des zuständigen Ansprechpartners wurde lediglich recherchiert. Ein persönlicher Kontakt fand bisher nicht statt.

In diesem Fall haben Sie lediglich einen Namen entweder im Internet recherchiert oder sonst wo erhalten. Sie können sich auf keine persönliche Referenz beziehen.

Viele Bewerber versenden schon bei dieser Konstellation, im Glauben den richtigen Ansprechpartner zu kennen, ihre Bewerbungsunterlagen. Aber auch in diesem Fall wird von einer zu frühen Bewerbung abgeraten. Wie hinlänglich erläutert, sollten Sie bedenken, dass sich der Ansprechpartner kurzfristig geändert haben könnte oder die Angaben fehlerhaft sind. Weiterhin liegen Ihnen auch hier noch keine Informationen vor, ob und zu welchem Zeitpunkt eine Bewerbung sinnvoll ist.

„Schönen guten Tag, mein Name ist Sabine Mustermann. Ich möchte gerne Frau Lara Muster sprechen."

Falls nach dem Grund gefragt wird:

„Ich werde demnächst mein Studium der Volkswirtschaftslehre abschließen. Frau Muster liegt mir als zuständige Ansprechpartnerin vor. Ich möchte mich gerne bei Ihrem Unternehmen bewerben."

Wenn Sie dann verbunden sind, ist es nicht notwendig Ihrem Gegenüber gleich auf diese Nase zu binden, woher Sie seinen Namen haben. Das würde den Text unnötig verlängern. Falls doch nachgefragt wird, können Sie immer noch wahrheitsgemäß erklären, wo Sie den Namen entdeckt haben.

„Guten Tag Frau Muster, mein Name ist Sabine Mustermann. Schön, dass ich Sie gleich erreiche. Ich werde demnächst mein Studium der Volkswirtschaftslehre mit dem Master of Science abschließen und würde mich sehr gerne bei Ihnen bewerben. Wäre das aktuell sinnvoll?"

Falls der Ansprechpartner nicht stimmen sollte oder Sie nicht verbunden werden:

> *„Vielleicht können Sie mir weiterhelfen. Welchen Weg würden Sie mir emp-*
> *fehlen, um mich erfolgreich bei Ihrem Unternehmen bewerben zu können?"*

Alles Weitere wie Variante 1 ...

In Teil B dieses Werks finden Sie eine Kopiervorlage für eine Gesprächsnotiz. Damit können Sie sich schon während des Telefonats einige Infos notieren. Das Ganze ist dann Ihren bisherigen Aufzeichnungen entsprechend beizulegen (später mehr dazu). Zusätzlich finden Sie dort eine Anleitung, wie Sie sich Ihren eigenen Gesprächsleitfaden als eine Art Spickzettel erstellen können. Falls Sie im Telefonieren noch ungeübt sind, nehmen Sie diese Vorlage und lesen anfänglich davon ab. Es kann versichert werden, dass das Ihrem Gesprächspartner nicht weiter auffallen wird. Nach wenigen Telefonaten benötigen Sie dann den Spickzettel nicht mehr. Selbstverständlich können Sie in Teil B die Texte auch auf Ihren eigenen Sprachgebrauch modifizieren. Achten Sie jedoch darauf, dass Sie die Einfachheit und Kürze beibehalten. Grundsätzlich sollten Sie nicht mehr als zwei bis drei kurze Sätze für den Gesprächsaufbau verwenden.

Sie haben sicher erkannt, dass bei den vorgestellten vier Gesprächseröffnungen immer wieder ähnliche Texte und Abläufe auftauchen. Die Formulierungen aller Varianten unterscheiden sich nur sehr geringfügig voneinander. Das ist ein äußerst wichtiges Kriterium für die erfolgreiche Gesprächsführung mit fremden Personen. Dabei werden Sie nämlich Erstaunliches feststellen:

- ■ **Wenn Sie immer wieder dieselben Formulierungen verwenden, werden wenige Varianten von Gegenfragen oder Argumenten auf der Gegenseite zu hören sein.**

Vielleicht sind Sie verwundert über diese Tatsache. Es kann allerdings ausdrücklich versichert werden, dass sich die Kreativität Ihrer Gesprächspartner bezüglich möglichen Reaktionen und Antworten in einem mehr als übersichtlichen Rahmen bewegen wird. Stellen Sie immer wieder die gleichen Fragen, werden Sie mehr oder weniger immer wieder das Gleiche hören.

Nach wenigen Tagen des Telefonierens, werden Sie das Gefühl haben, dass Sie trotz verschiedener Gesprächspartner die möglichen Reaktionen der Gegenseite schon vorab kennen. Darauf können Sie sich sehr schön verlassen. Der Gesprächsverlauf ist dann mehr oder weniger vorherzusehen. Mögliche Argumente Ihrerseits werden Sie dann aus dem Handgelenk schütteln können. Eine deutliche Erhöhung Ihrer Souveränität und Spontaneität wird die logische Folge davon sein. Ihre Erfolgsquote wird sich rasant verbessern.

Falls tagsüber keine oder zu wenig Zeit zum Telefonieren zur Verfügung steht, können alternativ E-Mails verwendet werden. Das ist immer dann ratsam, wenn Vorlesungen, Prüfungsvorbereitungen, Abschlussarbeiten oder Nebenjobs die möglichen Telefonzeiten blockieren.

3.3.2   E-Mail-Texte

Für die Kontaktaufnahme per E-Mail gilt das gleiche Grundmuster wie beim Telefonieren. Sie müssen allerdings einer Versuchung widerstehen. E-Mails verleiten schnell dazu, zu viel zu schreiben oder gar schon einmal seine Bewerbungsunterlagen anzuhängen. Hüten Sie sich vor diesem Anfängerfehler. Es wird ausdrücklich davon abgeraten. Sie sollten die Kürze und Schlichtheit von Texten im Rahmen eines Erstkontaktes unbedingt beibehalten.

Die Empfänger Ihrer ersten Nachrichten haben nicht nur einen Arbeitsalltag zu meistern, sondern sie werden wahrscheinlich zahlreiche E-Mail-Eingänge zu verzeichnen haben. Sicher werden sie nicht begeistert sein, von wildfremden Personen Nachrichten zu lesen, die zu lange und zu gehaltvoll sind.

Zudem liegen Ihnen aus der Recherchephase manchmal nur „info@"-E-Mail-Adressen vor. Vielleicht haben Sie sie im Impressum der Internetseite eines Arbeitgebers gefunden. Rechnen Sie damit, dass darunter eine ganze Masse von E-Mails eingehen kann. Machen Sie es den Mitarbeitern, die diese Nachrichten abzuarbeiten haben, so einfach wie möglich. Verwenden Sie für den Erstkontakt maximal zwei bis drei Sätze. Damit kann Ihr Gegenüber in Sekunden entscheiden, ob er die Nachricht an den zuständigen Mitarbeiter ‚weiterleiten' oder den Namen Ihres Ansprechpartners nennen möchte. Das sind schließlich Ihre wichtigsten Ziele im Rahmen der Informationsphase.

Sie halten sich also mit dem Thema ‚ich will mich aber bewerben' solange zurück, bis Sie sicher sind, dass Sie es mit der richtigen, das heißt mit der für Sie zuständigen Person, zu tun haben. Bei der Erstanfrage per E-Mail ist grundsätzlich auf Folgendes zu achten:

- **Eine natürliche Ausfallquote ist zu akzeptieren. Erfahrungsgemäß erhalten Sie bei mindestens 50 Prozent Ihrer Anfragen ein erstes Feedback innerhalb von zwei Tagen.**

- **Hängen Sie bei Ihrem ersten E-Mail-Kontakt auf keinen Fall eine Datei an oder fügen gar eine Grafik in das Text-Feld ein. Manche EDV-Firewalls oder entsprechende Mitarbeiter löschen solche ‚verdächtigen' Nachrichten aufgrund des Virenrisikos ungelesen.**

- **Richten Sie bei Ihrem E-Mail-Betreiber die Funktion „Signatur" ein. Durch den Absenderblock am Ende Ihres E-Mail-Textes wirken Nachrichten professioneller und nicht zu anonym.**

Es werden wieder einige Textvarianten für den Erstkontakt per E-Mail vorgestellt. Selbstverständlich müssen Sie die folgenden Formulierungen ebenso auf Ihre Fachrichtung und das Ende Ihres Studiums modifizieren.

Um Wiederholungen zu vermeiden, werden die nun gezeigten E-Mail-Texte nicht weiter erläutert. Die jeweiligen vier Ausgangssituationen sind mit denen beim Telefonieren identisch.

3.3.2.1 Variante 1: Der zuständige Ansprechpartner liegt noch nicht vor. Sie haben sich auf keinen speziellen Einsatzbereich festgelegt.

Sehr geehrte Damen und Herren,

mein Studium zum Bachelor of Arts, Soziologie habe ich im Januar 2011 erfolgreich abgeschlossen. Sehr gerne würde ich mich bei Ihrem Unternehmen bewerben. Wäre das momentan sinnvoll bzw. können Sie mir bitte einen Ansprechpartner nennen?

Mit freundlichen Grüßen

Sabine Mustermann

3.3.2.2   Variante 2: Der zuständige Ansprechpartner liegt noch nicht vor. Sie haben sich allerdings auf einen bestimmten Einsatzbereich festgelegt.

Sehr geehrte Damen und Herren,

mein Studium zum Bachelor of Arts, Soziologie habe ich im Januar 2011 erfolgreich abgeschlossen. Sehr gerne würde ich mich bei Ihrem Unternehmen für den Bereich Arbeitsmarktpolitik bewerben. Wäre das momentan sinnvoll bzw. können Sie mir bitte einen Ansprechpartner nennen?

Mit freundlichen Grüßen

Sabine Mustermann

3.3.2.3   Variante 3: Der Name des Ansprechpartners wurde Ihnen empfohlen. Ein persönlicher Kontakt fand bisher nicht statt.

Sehr geehrte Frau Muster,

Herr XY war so freundlich, mir Ihren Namen zu nennen. Er hat mir empfohlen, mich vertrauensvoll an Sie zu wenden.

Mein Studium zum Bachelor of Arts, Soziologie habe ich im Januar 2011 erfolgreich abgeschlossen. Sehr gerne würde ich mich bei Ihnen für den Bereich Arbeitsmarktpolitik bewerben. Wäre das momentan sinnvoll?

Mit freundlichen Grüßen

Sabine Mustermann

3.3.2.4   Variante 4: Der Name des zuständigen Ansprechpartners wurde lediglich recherchiert. Ein persönlicher Kontakt fand bisher nicht statt.

Sehr geehrte Frau Muster,

mein Studium zum Bachelor of Arts, Soziologie habe ich im Januar 2011 erfolgreich abgeschlossen. Sehr gerne würde ich mich bei Ihrem Unternehmen bewerben.

> *Wäre das momentan sinnvoll und falls ja, welche weiteren Informationen wünschen Sie?*
>
> *Mit freundlichen Grüßen*
>
> *Sabine Mustermann*

Grundsätzlich sollten Sie erst einmal die ersten Feedbacks auf Ihre Kurzanfragen abwarten. Wenn Sie dann mit dem richtigen Ansprechpartner kommunizieren, können Sie gehaltvollere und individuelle Texte verfassen.

3.3.2.5 Varianten für den weiteren E-Mail-Austausch

Ein Nachteil der Kommunikation per E-Mail ist die fehlende persönliche Komponente. Darüber hinaus erhält man nur häppchenweise Informationen. Das kann durch den Austausch vieler Nachrichten ein wenig kompensiert werden. Haben Sie deshalb immer das Ziel, mehrere E-Mails mit Ihrem Ansprechpartner zu wechseln.

Für die zweite oder dritte E-Mail-Antwort können Sie die im Telefon-Kapitel bereits vorgestellten weiterführenden Fragestellungen verwenden. Darüber hinaus bieten sich noch folgende Formulierungen an:

> *... zunächst herzlichen Dank für die freundliche Antwort. Wünschen Sie meine Unterlagen per Post oder E-Mail?*
>
> *... legen Sie bei meinen Bewerbungsunterlagen auf bestimmte Punkte besonderen Wert?*
>
> *... danke schön für die prompte Antwort. Sind bei meinen Bewerbungsunterlagen spezielle Vorgaben zu beachten?*
>
> *... herzlichen Dank für die Nennung des zuständigen Ansprechpartners. Ich werde ihr/ihm meine Unterlagen schnellstmöglich per E-Mail senden. Können Sie mir bitte noch die E-Mail-Adresse von Frau/Herrn .... nennen?*
>
> *... zunächst danke schön für Ihre freundliche Nachricht und die Nennung des zuständigen Ansprechpartners. Ich werde Herrn (Frau) .... umgehend meine Unterlagen zukommen lassen. Ist es möglich Herr (Frau) .... telefonisch zu erreichen?*

> *... schönen Dank für das schnelle Feedback. Haben Sie eventuell einen Tipp für mich, bei welchem Unternehmen ich noch anfragen könnte?*
>
> *... herzlichen Dank für die Antwort. Ist es zweckmäßig, sich zu einem späteren Zeitpunkt wieder zu melden?*
>
> *usw.*

Die Kommunikation per E-Mail ist im Vergleich zum Telefonieren etwas zeitsparender. Sicher können Sie an einem Vormittag drei Mal so viele Anfragen starten wie beim Telefonieren. Dafür müssen Sie eine etwas schlechtere Erfolgsquote hinnehmen. Das liegt vor allem daran, dass manche zuarbeitende Beschäftigte mit denen Sie Ihren ersten Kontakt haben, einfach zu überlastet (oder zu bequem) sind, sich intern bei Ihrem Chef, Kollegen bzw. bei sonstigen zuständigen Mitarbeitern zu erkundigen, wann und ob eine Bewerbung sinnvoll ist. Per E-Mail ist es am einfachsten, gar nicht zu reagieren oder Ihnen lediglich den Namen Ihres Ansprechpartners ohne weitere Zusatzinformationen zu nennen. Solche knappen Informationen helfen Ihnen nicht weiter.

> *Beispiel:*
>
> *Frau E. war Sozialpädagogin und suchte Ihren Berufseinstieg in der Verwaltung einer sozialen Einrichtung oder bei einer öffentlichen Behörde. Sie war gerade damit beschäftigt, alle großen Träger von Pflegeeinrichtungen zu kontaktieren.*

Nachstehender E-Mail-Austausch fand statt (Anrede und Schlussfloskeln werden im Folgenden nicht mit aufgeführt):

> *Frau E.: „... mein Studium zur Sozialpädagogin habe ich im MM/JJJJ erfolgreich abschließen können. Sehr gerne würde ich mich bei Ihrer Einrichtung für den Bereich Verwaltung bewerben. Wäre das momentan sinnvoll bzw. können Sie mir bitte einen Ansprechpartner nennen?..."*
>
> *XY: „... für Einstellungen ist unser Vorstand Herr Mustermann zuständig. Gerne können Sie ihm eine Bewerbung zukommen lassen ...."*
>
> *Frau E.: „... zunächst herzlichen Dank für die freundliche Antwort. Wünscht Herr Mustermann meine Unterlagen per Post oder per E-Mail? ..."*

> XY: „... Sie können Ihre Bewerbung per E-Mail senden ...“
>
> Frau E.: „........ wünschen Sie, dass ich meine Unterlagen Ihnen persönlich zusende oder ist es eventuell zweckmäßig das Ganze Herrn Mustermann direkt zu senden ...“
>
> XY: „... direkt ist vielleicht doch besser. Seine E-Mail-Adresse lautet max.mustermann@mail.de ...“

Frau E. hat jetzt nicht nur die zuständige Person genannt bekommen, sondern zusätzlich die ‚wertvolle' direkte E-Mail-Adresse ihres Ansprechpartners herausgefunden. Es geht weiter ...

> Frau E.: „... Frau XY war so freundlich, mir Ihren Namen zu nennen. Sie hat mir empfohlen, mich vertrauensvoll an Sie zu wenden. Mein Studium zur Sozialpädagogin habe ich im MM/JJJJ erfolgreich abgeschlossen. Sehr gerne würde ich mich bei Ihrer Einrichtung für den Bereich Verwaltung bewerben. Wäre das momentan sinnvoll? ...“
>
> Herr Mustermann: „... das wäre sehr sinnvoll. Ich plane in einem halben Jahr die Eröffnung einer neuen Pflegeeinrichtung. Dafür suche ich noch eine stellvertretende Leitung. Kontaktieren Sie mich Anfang September noch einmal ...“
>
> Frau E.: „........ sehr gerne werde ich mich in vier Wochen wieder bei Ihnen melden ...“

Das waren jetzt echte Insiderinformationen (sozusagen der ‚Volltreffer'). Nach drei Wochen (sicherheitshalber eine Woche eher) geht es weiter ...

> Frau E.: „... wie versprochen, melde ich mich wieder bei Ihnen. Ist das Thema Eröffnung Ihrer Einrichtung bzw. eine Bewerbung meinerseits noch aktuell? ...“
>
> Herr Mustermann: „... danke schön, dass Sie noch daran gedacht haben. Ich bin allerdings in Sachen Personalauswahl noch nicht sehr weit gekommen. Sie können mir aber schon einmal Ihre Bewerbungsunterlagen zusenden. Kurzbewerbung inklusive Ihrem Diplom reicht aus ...“

▌▌ *Frau E.: „… ich habe Ihnen meine Unterlagen als PDF angehängt …"*

Wahrscheinlich ist Herr Mustermann in der Zwischenzeit noch immer nicht dazu gekommen, sich um seine Personalauswahl professionell zu kümmern. Deshalb geht nach einer Woche folgende Nachricht bei Frau E. ein …

▌▌ *Herr Mustermann: „… gerne würde ich Sie für kommende Woche zu einem Gespräch einladen. Würde Dienstag, 11.00 Uhr bei Ihnen passen? …"*

Bleiben Sie beim E-Mail-Verkehr (freundlich) hartnäckig und lassen Sie sich von zuarbeitenden Mitarbeitern, die zu bequem sind sich intern schlau zu machen, nicht vertrösten.

■ **Sie sollten immer das Ziel haben, direkt mit dem zuständigen Ansprechpartner zu kommunizieren.**

So bewahren Sie Ihre Chance, exakt den richtigen Bewerbungszeitpunkt zu treffen und darüber hinaus wertvolle Insiderinformationen aus erster Hand zu erhalten.

Zusammenfassend kann behauptet werden, dass der Schlüssel für eine erfolgreiche erste Kontaktaufnahme in der Kürze des Textes sowie in der Einfachheit der Sprache liegt. Es ist verständlich, dass insbesondere Akademiker eine komplexere Kommunikation anstreben. Ebenso werden erfahrungsgemäß längere und anspruchsvollere Textmodule gewünscht. Zumindest für den Fall des allerersten Kontaktes wird davon abgeraten. Knappe, fast trivial wirkende Formulierungen, haben in der Praxis die besten Rücklaufquoten erzielt. Im Anschluss daran, wenn die Kontaktaufnahme mit dem richtigen Mann oder der richtigen Frau erst einmal geschafft ist, kann immer noch umfangreicher und hochwertiger kommuniziert werden.

Im Übrigen sollten gerade Berufseinsteiger sorgfältig abwägen, ob sie sich schon im Rahmen des Erstkontakts auf ganz bestimmte Tätigkeitsbereiche festlegen möchten. Man könnte auch anfänglich das Ganze mehr oder weniger offen halten und erst einmal abwarten, wie der weitere Austausch verläuft. Es wäre nicht das erste Mal, dass ein interessantes Aufgabengebiet von der Arbeitgeberseite vorgeschlagen wird, auf das man im Vorfeld nie gekommen wäre.

Im nächsten Kapitel erfahren Sie mehr zur dritten Möglichkeit der Kontaktaufnahme.

3.3.3 Persönliche Gespräche

Auf Messen, Kongressen, Firmenveranstaltungen oder bei sonstigen Anlässen, wo Sie auf Mitarbeiter potenzieller Arbeitgeber treffen, sind Erstanfragen möglich. Das persönliche Gespräch ist von allen drei Möglichkeiten der Kontaktaufnahme die gehaltvollste Variante, um an wichtige Empfehlungen und Informationen gelangen zu können.

Auch diese Situation sollten Sie sich nicht komplizierter vorstellen als sie eigentlich ist. Vielleicht sind Sie ein junges Talent, das vor einer großen beruflichen Laufbahn steht. Allerdings erwartet niemand von Ihnen, dass Sie sich schon jetzt wie ein Profi mit langjähriger Berufspraxis präsentieren. Sie genießen einen Anfänger-Bonus. Nutzen Sie diese Tatsache.

Sie müssen nun mit fremden Menschen über Ihren künftigen Beruf kommunizieren. Gerade zu Beginn Ihrer Karriere werden Sie oft den ersten Schritt tun müssen. Sie haben jemanden anzusprechen. Hier gilt ebenso: Sie sind lediglich auf der Suche nach offenen Positionen und Ansprechpartnern. Sie müssen sich nicht gleich umfangreich verkaufen, bewerben oder sich gar anbiedern. Es gibt keinen Anlass, sich unter Erfolgsdruck zu setzen.

Gelassenheit ist Trumpf. Versuchen Sie Gespräche spielerisch anzugehen. Entdecken Sie Ihre Freude, sich mit fremden Personen auszutauschen. Sie sollten das Gespräch suchen. Für Gelegenheiten, bei denen Sie mit Arbeitgebern bzw. mit deren Mitarbeitern in Kontakt treten können, werden für die Ansprache nachstehende Empfehlungen hilfreich sein:

- **Grundsätzlich sollten Sie nicht vergessen, etwas zum Notieren mit sich zu führen.**

- **Möchten Sie jemanden ansprechen, gehen Sie zunächst mit einem Lächeln auf ihn zu.**

- **Schauen Sie bei der Ansprache sowie während des Gesprächs gelassen in die Augen Ihres Gesprächspartners (bitte kein Starren).**

- **Achten Sie auf eine aufrechte Körperhaltung.**

- Wenn Sie sich über berufliche Themen unterhalten, sollten Sie entsprechend gekleidet sein. Die Maßgabe ist das Outfit, das üblicherweise in Ihrem künftigen Arbeitsalltag getragen wird.

- Sie möchten, dass man sich auf Sie konzentriert. Sprechen Sie deshalb Ihren Gegenüber alleine an und nehmen Sie keine ‚Verstärkung' mit.

- Im Zweifelsfall geben Sie erst dann die Hand, wenn Ihr Gesprächspartner Ihnen den Händedruck anbietet.

- Vermeiden Sie übertriebene Höflichkeit oder gar Unterwürfigkeit.

- Lassen Sie den Gesprächspartner grundsätzlich aussprechen.

- Falls sich Ihr Gegenüber eher profiliert, als sich für Sie zu interessieren, bleiben Sie gelassen und üben Toleranz (sie werden nicht immer auf Profis treffen).

- Die Floskeln „Entschuldigung - darf ich Ihnen eine Frage stellen?", „Herzlichen Dank für die Auskunft" oder „ Danke schön für das interessante Gespräch" stellen keine übertriebenen Freundlichkeiten dar, sondern sind Bestandteile gehobener Umgangsformen.

- Das Mindestziel eines jeden interessanten Kontaktes ist entweder der Erhalt einer Visitenkarte, der Telefonnummer oder der E-Mail-Adresse.

- Nachdem ein Gespräch beendet ist, notieren Sie sich die wichtigsten Infos diskret an einem anderen Ort. Dazu eignen sich besonders die Rückseiten erhaltener Visitenkarten.

- Wenn Sie keine Visitenkarte oder Ähnliches erhalten, lassen Sie sich beiläufig den Namen Ihres Gegenübers und die Unternehmensbezeichnung nennen. Diese Daten notieren Sie sich später an anderer Stelle.

- Falls Sie Ihr Studium bereits abgeschlossen haben, sollten Sie selbst über eigene Visitenkarten verfügen, auf denen Ihr Titel angegeben ist.

Eine harmonische und zugleich einfache Form des Gesprächsaufbaus ist auch hier die Verwendung von Fragestellungen. Um den Gesprächseinstieg zu erleichtern, werden wieder einige Formulierungen vorgeschlagen.

Einige Fragen kennen Sie schon aus dem Kapitel für den Erstkontakt per Telefon. So müssen Sie sich nicht großartig umstellen. Sie werden wieder die gleichen Einwände, Rückfragen oder Reaktionen wie beim Telefonieren hören. Darüber hinaus gibt es noch weitere Formulierungen, die sich insbesondere für die persönliche Ansprache anbieten:

„Entschuldigung - darf ich Ihnen eine Frage stellen?"

„Entschuldigen Sie bitte - darf ich Sie kurz ansprechen?"

„Ihr Unternehmen macht auf mich einen hochinteressanten Eindruck. Wie kann ich nähere Informationen erhalten?"

„Ich informiere mich gerade über Ihre Branche. Könnten Sie mir vielleicht einen Tipp geben, wo ich weiterführende Informationen erhalten kann?"

„Wie schätzen Sie die Zukunftsperspektiven Ihrer Branche ein?"

„Wie bewerten Sie die Zukunftsaussichten Ihres Unternehmens?"

„Ich habe .... studiert und suche gerade den Berufseinstieg im Bereich .... Denken Sie, dass es momentan sinnvoll sein könnte, sich auch bei Ihrem Unternehmen zu bewerben?"

„Ich verfüge über die Qualifikation .... und würde mich sehr gerne bei Ihrem Unternehmen bewerben. Können Sie mir bitte den zuständigen Ansprechpartner nennen?"

„Können Sie mir bitte sagen, an wen ich intern meine Bewerbung zu richten habe?"

„Wie kann ich herausfinden, welcher Ansprechpartner für mich zuständig ist?"

„Zu welcher Vorgehensweise würden Sie mir bei einer Bewerbung raten?"

„Ich werde voraussichtlich im MM/JJJJ meinen ....-Abschluss in der Fachrichtung .... absolvieren. Denken Sie, dass es für mich Perspektiven in Ihrem Unternehmen geben könnte?"

„Wenn Sie heute den Berufseinstieg suchen würden, welchen Weg würden Sie einschlagen?"

„Haben Sie für meinen Berufseinstieg einen grundsätzlichen Tipp?"

„Welche Kenntnisse und Fähigkeiten werden in Ihrem Unternehmen am meisten gesucht?"

„In welchem Unternehmensbereich gibt es die besten Perspektiven?"

„Haben sie vielleicht eine Idee, welche weiteren Unternehmen für mich interessant sein könnten?"

„Ich möchte mich sehr herzlich für das Gespräch bedanken. Haben Sie vielleicht ein Kärtchen für mich?"

„Vielen Dank für das Gespräch. Das hat mir jetzt sehr weitergeholfen. Falls ich noch Fragen habe, darf ich Sie nochmals kontaktieren?"

„Bevorzugen Sie E-Mail oder eher Telefon?"

„Nun muss ich aber weiter. Das Gespräch war für mich sehr interessant. Darf ich Sie anmailen, falls bei mir noch Fragen auftauchen sollten?"

„Die Informationen haben mir sehr weitergeholfen. Haben Sie vielleicht eine Infobroschüre für mich? Sind darin Ihre Kontaktdaten enthalten?"

Und, und, und ...

Falls Sie noch ungeübt darin sind, unbekannte Menschen anzusprechen, können Sie durchaus eine Liste mit den vorgestellten Fragen zum entsprechenden Anlass mitnehmen. In Teil B finden Sie eine entsprechende Kopiervorlage. In unbeobachteten Augenblicken können Sie dann immer mal wieder einen Blick darauf werfen.

Später, wenn Sie in der Gesprächsführung mehr Routine entwickelt haben, werden Sie sicher Ihre eigenen Redewendungen finden und erfolgreich einsetzen können (falls das nicht schon jetzt der Fall sein sollte).

Bei einigen Events kann es zweckmäßig sein, einige repräsentative Bewerbungsmappen mitzuführen und entsprechenden Mitarbeitern zu überreichen. Das wird allerdings nur dann empfohlen, wenn Sie absolut sicher sind, dass derjenige Mitarbeiter oder diejenige Mitarbeiterin zugleich die zuständige Person ist. Falls nicht, sollten Sie sich nicht darauf verlassen, dass Ihre Unterlagen ordnungsgemäß weitergeleitet werden.

Vielmehr sollten Sie die beiden Aktionen ‚Erstkontakt' und ‚Bewerbung' voneinander getrennt sehen. Dann haben Sie immer einen guten Anlass, mit der zuständigen Frau oder dem zuständigen Mann ein zweites Mal (im Idealfall mehrmals) zu kommunizieren.

Beispiel:

Frau M. hatte Architektur studiert. Ihre Prüfung hatte sie bereits bestanden. Sie schrieb gerade ihre Abschlussarbeit. Im Rahmen dessen musste sie an einigen branchenspezifischen Veranstaltungen teilnehmen. Es waren einige wichtige Daten zu recherchieren. Einmal besuchte sie eine Veranstaltung einer städtischen Behörde. Es ging um die Präsentation eines Bebauungsplans. Einige öffentliche Ausschreibungsverfahren standen an. Vertreter großer Bauunternehmen und Architekturbüros waren ebenfalls anwesend.

In der Pause wollte sie einen Kaffee trinken. Sie wartete ab, bis an allen Stehtischen des Vorraums Menschen standen. Beim nächstbesten Tisch, der nicht voll besetzt war, erkundigte sie sich, ob noch ein Plätzchen für ihren Kaffee frei sei. Freundlich bejahte man die Frage.

Frau M. kam ins Gespräch. Man sprach über allgemeine Dinge, das Wetter und natürlich auch über die gerade gezeigte Präsentation. Sie erkundigte sich, wie es der Branche gehen würde und wie die Zukunftsaussichten wären etc. Selbstverständlich sprach sie unter anderem auch davon, dass sie demnächst ihren Berufseinstieg suchen würde. Sie fragte ebenfalls nach, ob jemand der Anwesenden vielleicht ein paar Tipps hätte, welche Unternehmen

der Branche besonders interessant sein könnten. Alle sprachen einige Emp-
fehlungen aus. Frau M. notierte sich die genannten Arbeitgeber.

Eine anwesende Dame zeigte allerdings eine verbindlichere Reaktion. Bewer-
ben sie sich doch bei uns, sagte die Vertreterin eines etablierten Baukon-
zerns. Senden sie einfach eine Bewerbung an unsere Personalabteilung.

Frau M. war sich darüber bewusst, dass diese Information noch nicht ausrei-
chend war. Sie stimmte natürlich erfreut zu, gerne würde sie sich bewerben
wollen. An wen hätte sie denn die Bewerbung zu richten, hakte sie nach. Das
wisse sie gerade nicht, sie könne sich allerdings intern erkundigen, erwiderte
die Dame freundlich. Frau M. fragte nach einer Visitenkarte und, ob sie sie
die nächste Tage anmailen dürfe. Die Mitarbeiterin des Baukonzerns stimm-
te zu und gab ihr das Kärtchen.

Frau M. schrieb gleich am folgenden Tag eine E-Mail. Sie bedankte sich für
die Visitenkarte und erkundigte sich nach der zuständigen Person. Ihre E-
Mail wurde intern weitergeleitet und die Personalchefin meldete sich direkt
bei Frau M. Sie könne ihre Bewerbungsunterlagen gerne zu ihr persönlich
senden, bot sie ihr an.

Eine Woche später wurde sie zu einem Vorstellungsgespräch eingeladen.

Kommen wir zum Abschluss der Informationsphase.

3.3.4   Zusammenfassung

Wie Sie bei allen drei Kontaktvarianten bemerkt haben, fragen Sie niemals direkt
nach einer offenen Position. Alle vorgestellten Text- und Gesprächsmodule können letztendlich auf zwei elementare Fragen reduziert werden:

■ **Ist eine Bewerbung sinnvoll?**

■ **Wer ist mein Ansprechpartner?**

Die aufgezeigten Strategien und Formulierungen werden dazu führen, dass Sie
automatisch über eine ausreichende Zahl offener Stellen Kenntnis erhalten. Sozusagen indirekt, als Nebeneffekt Ihrer Anfragen.

Es wird nochmals ausdrücklich betont, dass immer eine gewisse ‚Ausfallquote' zu akzeptieren ist. Es ist unmöglich, mit allen Personen erfolgreiche Gespräche zu führen bzw. positiv zu kommunizieren. Die Einflussfaktoren sind zu zahlreich. Falls Sie dahingehend eine hohe Erwartungshaltung haben, sollten Sie sie aufgeben.

Manchmal haben Sie einen ‚Treffer' nach dem anderen und dann wiederum haben Sie vielleicht viele ‚Neins' hintereinander wegzustecken. Konzentrieren Sie sich immer auf die Gesamtsumme aller ‚Treffer' und ‚Neins'. Akzeptieren Sie die Quotenrechnung. Sie benötigen nämlich nur einen geringen Prozentsatz an ‚Treffern'. Unter dem Strich werden Sie dann sehr komfortable Voraussetzungen geschaffen haben, um bequem in die nächste Phase Ihres Berufseinstiegs eintreten zu können.

3.4   Bewerbungsphase

Nun ist es endlich soweit. Sie haben sich lange genug zurückgehalten. Nun ist der richtige Zeitpunkt gekommen, sich zu bewerben. Erst jetzt starten Ihre konkreten Bewerbungsaktivitäten - allerdings ist die Hauptarbeit schon getan. Von allen Phasen benötigt die Bewerbungsphase, dank Ihrer Vorarbeit, den geringsten Zeiteinsatz.

An dieser Stelle Ihrer Suche nach dem Berufseinstieg liegen Ihnen folgende Informationen vor:

- **Sie erhielten die Zusage, dass eine Bewerbung sinnvoll ist.**

- **Sie kennen den richtigen Bewerbungszeitpunkt und Ihren zuständigen Ansprechpartner.**

- **Ihnen wurde mitgeteilt, welcher Versandweg für Ihre Bewerbungsunterlagen erwünscht ist.**

- **Sie haben erste Informationen erhalten, welche Anforderungen für die jeweiligen Einstiegspositionen bestehen.**

Sie haben sich in eine hervorragende Ausgangsposition gebracht. Ihre Bewerbungsunterlagen werden erwünscht. Es gibt jetzt eine zuständige Person, der Ihre

Unterlagen erwartet. Sie müssen nicht mehr unter Massen von Bewerbern entdeckt werden. Ihre Bewerbung wird wahrscheinlich direkt auf dem Schreibtisch
Ihres Ansprechpartners landen. Es ist nicht mehr notwendig, aus Ihren Bewerbungsunterlagen ein ‚Kunstwerk' zu machen, nur um irgendwie aufzufallen. Und
vor allem ist die Wahrscheinlichkeit recht hoch, dass es relativ wenig Konkurrenz
durch eine Vielzahl anderer Bewerber gibt. Eine maßgebliche Verbesserung Ihrer
gesamten Wettbewerbssituation!

Lediglich Ihr Anschreiben müssen Sie in den meisten Fällen noch leicht modifizieren. Aber auch dabei sollten Sie gelassen bleiben. Es wird nochmals daran erinnert, dass dem Anschreiben im Regelfall weniger Bedeutung beigemessen wird,
als so mancher vermutet. Die Mehrheit aller Personaler bewerten Bewerbungsunterlagen gemäß folgender Rangliste. Sie entspricht der Reihenfolge der Sichtung:

1. **Lebenslauf**

2. **Anschreiben**

3. **Zeugnisse und Zertifikate**

Dabei gilt dem Lebenslauf das Hauptaugenmerk. Erst wenn dieser als interessant
eingestuft wird, geht man (wenn überhaupt) zum Anschreiben über. Zuletzt sind
die Zeugnisse dran. Im Fall von Absolventen ist auch dies schnell erledigt bzw.
zweitrangig, da logischerweise Arbeitszeugnisse selten vorhanden sind. Demzufolge ist die Anzahl der Belege mehr als übersichtlich. Es bleibt der tabellarische
Lebenslauf übrig, der den größten Einfluss hat.

Haben Sie alle Empfehlungen im Kapitel „Lebenslauf" und „Anschreiben" umgesetzt, können Sie beruhigt sein, dass Ihre Unterlagen auch unterschiedlichen Vorstellungen der Arbeitgeberseite entsprechen.

Nun müssen Ihre Bewerbungsunterlagen übermittelt werden. Je nachdem, welcher Versandweg im Vorfeld von Ihrem Ansprechpartner gewünscht wurde, gibt
es dafür folgende vier Möglichkeiten:

■ **Bewerbungsunterlagen per E-Mail**

■ **Bewerbungen über Online-Portale**

- **Bewerbungsmappe per Post**

- **Persönliche Übergabe der Bewerbungsunterlagen**

Der letzte Punkt, die ‚persönliche Übergabe' kommt in der Praxis eher selten vor. Aus Gründen der Vollständigkeit wurde er mit aufgenommen. Jeder Variante wird nun ein Unterkapitel gewidmet.

3.4.1 Bewerbungsunterlagen per E-Mail

Auch für die Übermittlung von Unterlagen per E-Mail hat sich bis heute keine einheitliche Vorgehensweise herauskristallisiert. In der Praxis hat sich allerdings folgende Vorgehensweise positiv bewährt:

- **Sie kennen die E-Mail-Texteinstellungen des Empfängers nicht. Daher können Sie nie sicher sein, dass Ihr Gegenüber auf seinem Monitor die gleiche Textformatierung sieht wie Sie auf Ihrem Bildschirm zu Hause. Kopieren Sie deshalb Ihr Anschreiben nicht nur in das E-Mail-Textfeld, sondern laden Sie es noch zusätzlich als Dateianhang hoch.**

- **Demnach ist grundsätzlich ein klassisches Bewerbungsanschreiben als Word-Datei anzufertigen. Damit stellen Sie sicher, dass immer ein professionelles Format Ihres Anschreibens vorliegt. Unerheblich davon, ob Ihre Unterlagen betriebsintern ausgedruckt oder per E-Mail weitergeleitet werden.**

- **Idealerweise sollten Sie insgesamt nur zwei Dateien anhängen. Die erste mit Ihrem Bewerbungsanschreiben und die zweite mit Ihrem Lebenslauf (inklusive den gescannten Zeugnissen und Zertifikaten).**

- **Als Alternative können Sie die Zeugnisse vom Lebenslauf trennen und in einer separaten dritten Datei zusammenfassen. Das ist ebenfalls völlig in Ordnung. Dann liegen Ihnen insgesamt drei Dateien vor. Jeweils eine mit dem Lebenslauf, dem Anschreiben und den Zeugnissen.**

■ Belästigen Sie bitte niemanden mit mehr Dateianhängen oder mit einer Vielzahl angehängter Dateien. Sie müssten dann beim Empfänger alle einzeln geöffnet, gesichtet und im Bedarfsfall einzeln ausgedruckt werden. So mancher Mitarbeiter auf der Arbeitgeberseite verliert schon beim Anblick solcher ‚Monster-E-Mails' die Motivation, sie professionell zu bearbeiten.

■ Angehängte Dateien sind vor dem Versand grundsätzlich in ein PDF-Format zu wandeln. Damit stellen Sie sicher, dass der Empfänger auf seinem Monitor exakt das gleiche Bild sieht wie Sie zu Hause an Ihrem PC. Zudem sind Ihre Daten nicht mehr veränderbar.

■ Sie kennen die allgemeinen EDV-Konfigurationen der Arbeitgeberseite nicht. Meist wird die Größe eingehender Dateianhänge im Rahmen von E-Mails auf einen Maximalwert begrenzt. Um ganz sicher zu gehen, dass der Eingang Ihrer Nachricht beim Empfänger nicht blockiert wird, sollte die Summe aller angehängten Dateien nicht größer als drei Megabyte sein.

■ Zu ‚große' Dateien können Sie während der PDF-Wandlung reduzieren. Die entsprechende Vorgehensweise ist von der verwendeten PDF-Software abhängig. Je niedriger Sie die Auflösung wählen, desto kleiner wird die Dateigröße.

Grundsätzlich sollten Sie die PC- und Online-Kenntnisse auf der Empfängerseite nicht überschätzen. Sie müssen auch mit geringen PC-Fähigkeiten rechnen. Dies gilt insbesondere auch für solche Beschäftigte, die Führungs- und Spitzenpositionen innehaben.

Wenn Sie den vorgenannten Empfehlungen folgen, werden Sie Ihre Konkurrenz mit anderen Bewerbern weiter reduzieren. Auch wenn es für viele Leserinnen und Leser sicher erstaunlich klingen mag. Erfahrungsgemäß gibt es in der Bewerbungspraxis auch heute noch zahlreiche Jobsuchende, die bei E-Mail-Bewerbungen ‚schlimme' Vorgehensweisen an den Tag legen.

Es werden Dateiformate versandt, die bei den wenigsten Arbeitgebern geöffnet bzw. gelesen werden können. Ebenso sind immer wieder E-Mails zu beobachten, die mit einer Unmenge von Dateianhängen gespickt sind, da für jeden einzelnen Beleg und jedes einzelne Zeugnis eine eigene Datei erstellt wurde. Dann wird oft auf das PDF-Format verzichtet. Öffnet dann der Mitarbeiter auf der Arbeitgeberseite die Bewerbungsunterlagen (falls das Dateienformat passt), sind alle Formatierungen verrutscht und der Lebenslauf wird unvorteilhaft dargestellt. Die Spitze der Unkenntnis wird erreicht, wenn Bewerber ihre kompletten Bewerbungsunterlagen in das Textfeld kopieren, anstatt als Datei anzuhängen. Im Umkehrschluss überschätzen aber auch manche Technikfreaks die PC-Kenntnisse des Gegenübers und packen beispielsweise zahlreiche Dateien in ein Zip-Format oder Ähnliches.

Im Übrigen ist es üblich, einen PDF-Maker auf dem PC zur Verfügung zu haben (nicht zu verwechseln mit einem PDF-Reader, wie z. B. der „Adobe Acrobat Reader"). Falls Sie noch keine PDF-Software auf Ihrem PC installiert haben sollten, können Sie ohne Weiteres eine kostenlose Freeware aus dem Internet downloaden. Sehr viele Bewerber arbeiten beispielsweise mit der Gratissoftware „FreePDF". Geben Sie einfach FREEPDF in eine Suchmaschine ein. Dann werden Ihnen zahlreiche Internetseiten angezeigt, auf denen Sie diese Software kostenlos herunterladen können. Wählen Sie eine Internetseite Ihres Vertrauens aus (z. B. irgendeine Seite einer bekannten Computer-Fachzeitschrift o. Ä.) und installieren Sie das Programm gemäß den dann folgenden Anweisungen. Zu Ihrer Information sind speziell bei diesem Programm nur drei Einstellungen für die Auflösung möglich. Das ist für Bewerbungsunterlagen völlig ausreichend. Mit der mittleren Einstellung „Medium Quality" wird die Dateigröße erheblich reduziert. Zugleich ist das grafische Ergebnis noch auf einem ausreichend hohen Niveau.

Weiterhin wird empfohlen, eine ‚unbelastete', das heißt eine brandneue E-Mail-Adresse einzurichten. E-Mail-Adressen können durch Arbeitgeber im Internet am einfachsten recherchiert werden. Man gibt sie einfach in eine Suchmaschine ein und schaut, welche Ergebnisse da erscheinen. Bei einer nagelneuen E-Mail-Adresse würden dann die erwünschten ‚Null Treffer' angezeigt werden.

Darüber hinaus ist ebenfalls auf die Seriosität der E-Mail-Adresse zu achten (also bitte kein ‚blackdevil', ‚hotwoman', ‚sweetangel' o. Ä.). Folgende Varianten bieten sich an und werden als üblich angesehen:

- vorname.name@ .... .de

- v.name@ .... .de

- name@ .... .de

Falls Ihre Wunschadresse bei Ihrem E-Mail-Anbieter bereits belegt ist, müssen Sie natürlich variieren.

Für den Fall von Onlinebewerbungen ist es grundsätzlich ideal, wenn die E-Mail-Adresse zumindest Ihren Nachnamen enthält. So werden Ihre Nachrichten auf der Arbeitgeberseite schneller wieder gefunden, falls sie dort abgespeichert bzw. anderweitig verarbeitet oder weitergeleitet werden.

3.4.2   Bewerbungen über Online-Portale

Wie hinlänglich erläutert, werden heute insbesondere allgemein bekannte Unternehmen mit gewaltigen Mengen von Bewerbungsunterlagen konfrontiert. Das hat dazu geführt, dass bei manchen Arbeitgebern administrative und organisatorische Grenzen erreicht wurden. Um dieser Datenflut kostengünstig begegnen zu können, haben heute viele Arbeitgeber auf Ihren Internetpräsenzen Bewerberportale eingerichtet. Jobsuchende müssen Ihre Bewerbungsunterlagen online in Standardmasken eingeben. Alles Weitere erledigt dann die EDV auf der Arbeitgeberseite.

Die Vorgabe an potenzielle Bewerber, ihre Daten mühsam selbst einzutippen, dient natürlich ebenso als Schutzwall gegen unerwünschte Bewerbungen. Die zeit- und kostenintensive Bearbeitung zahlloser Unterlagen kann dadurch einfach gesteuert und kompensiert werden. Jedem Kandidaten wird suggeriert, dass er sich jederzeit bewerben könne. Ob die Daten in allen Fällen optimal verarbeitet werden, wird an dieser Stelle bezweifelt.

Das Ziel dieses Ratgebers ist das Vermeiden unpersönlicher Bewerbungen. Es soll sichergestellt werden, dass man nicht eine Kandidatin oder ein Kandidat unter Massen von Jobsuchenden ist. Manchmal bleibt Ihnen allerdings nichts anderes übrig. Werden Sie von einem Arbeitgeber, trotz einer gewissen (freundlichen) Hartnäckigkeit Ihrerseits, auf dessen Onlineportal verwiesen, müssen Sie diesen unvorteilhaften Weg leider akzeptieren. Schließlich sollten Sie keine noch so kleine Chance außer Acht lassen.

Bei standardisierten Onlinemasken zählen nur Daten und Fakten. Der Wettbewerb mit anderen Hochschulabsolventen oder mit berufserfahrenen Jobsuchenden ist für Sie dabei enorm hoch. Halten Sie demnach Ihre Erwartungshaltung in Grenzen. Sind Sie bei diesem Bewerbungsweg erfolgreich, ist das eine schöne Überraschung. Falls nicht, wurde Ihre Erwartungshaltung lediglich bestätigt.

Es gibt allerdings keinen Anlass, bei der Eingabe Ihrer Daten leichtfertig zu sein. Grundsätzlich sollten Sie bei Onlineportalen folgende Punkte beachten:

- **Tragen Sie Ihre Daten gewissenhaft und so umfangreich wie möglich ein. Leicht auszufüllende Eingabefelder dürfen Sie nicht dazu verleiten, mangelnde Sorgfalt an den Tag zu legen.**

- **Die Online-Masken sind standardisiert. Sie können sich also nicht mehr so einfach von der Masse abheben. Laden Sie deshalb so viele Zeugnisse, Zertifikate und sonstige Belege wie möglich hoch. Damit können Sie sich besser von anderen Bewerbern unterscheiden.**

- **Auch wenn ein Feld für die Eingabe eines individuellen Bewerbungsschreibens vorhanden ist, erstellen Sie trotzdem eine Datei mit Ihrem Anschreiben und laden Sie es zusätzlich hoch.**

- **Rechnen Sie immer damit, dass Ihre eingegebenen Daten nicht durch Mitarbeiter, sondern durch eine Software gesichtet werden. Machen Sie also eindeutige Angaben und verwenden Sie gängige Bezeichnungen, damit Ihre Bewerbung durch typische Suchbegriffe gefunden werden kann.**

- **Beachten Sie die jeweiligen Vorgaben zur maximal erlaubten Dateigröße. Gibt es auf dem Bewerbungsportal keine Angaben dazu, sollten einzelne Dateien sicherheitshalber die Größe von einem Megabyte nicht überschreiten.**

- **Die Anforderungen zum gewünschten Dateiformat sind ebenfalls zu beachten. Werden dazu keine Angaben gemacht, wandeln Sie Ihre Dateien grundsätzlich in ein PDF-Format um.**

Nutzen Sie diese Bewerbungsform nur dann, wenn es nicht anders möglich ist. Das heißt, wenn im Vorfeld Ihre Bemühungen um die direkte Kontaktaufnahme mit einem zuständigen Ansprechpartner nicht von Erfolg gekrönt waren.

3.4.3   Bewerbungsmappe per Post

Die klassische Bewerbungsmappe per Post ist ein Auslaufmodell. Dennoch gibt es noch immer einige Unternehmen, Behörden oder Personaler, die diesen Bewerbungsweg bevorzugen. Der Hintergrund sind meist mangelnde Online- und PC-Kenntnisse oder nostalgische Arbeitsauffassungen der betreffenden Beschäftigten.

Beim Versand von Bewerbungsmappen sollte auf Nachstehendes geachtet werden:

- **Das Anschreiben ist nicht Bestandteil der Bewerbungsmappe. Es liegt im Kuvert lose oben auf. Falls Sie ein Fensterkuvert nutzen (wirkt ein wenig eleganter), darf das Anschreiben logischerweise nicht in der Mappe eingeheftet sein. Nur so kann die Adresse des Arbeitgebers auf Ihrem Anschreiben durch das Fenster des Kuverts erscheinen.**

- **Die Farbe des Hefters ist unerheblich. Extreme sollten allerdings vermieden werden.**

- **Dreiteilige Mappen zum Aufklappen können ohne Weiteres verwendet werden. Sie sind allerdings nicht unbedingt notwendig. Sie erhöhen unter Umständen den Sichtungsaufwand auf der Arbeitgeberseite und sind umständlich zu handhaben.**

- **Die Mappe sollte ein DIN4-Format haben. Damit können Sie ein passgenaues C4-Kuvert nutzen. Die Bewerbungsunterlagen können darin nicht verrutschen. Die Unterlagen erreichen den Empfänger in einem besseren Zustand. Wird ein Kuvert mit einer verstärkten Rückwand verwendet, ist das natürlich vorteilhaft.**

- **Zurückerhaltene Mappen sind logischerweise nur dann wiederzuverwenden, wenn sie neuwertig erscheinen.**

- **Falls die Deckseite der Mappe transparent ist, können bereits einige Daten gesichtet werden, ohne dass geblättert werden muss. Zudem sind die Unterlagen auf einem Schreibtisch besser auffindbar.**

- **Eine Ausnahme stellen solche Bewerbungsunterlagen dar, die Arbeitsproben enthalten (z. B. bei Grafikern, Textern, etc.). In diesen Fällen, sollte der Arbeitgeber unbedingt vorab befragt werden, welche Form bzw. Formate gewünscht werden.**

Durch Ihre Aktivitäten im Vorfeld kennen Sie üblicherweise den von der Arbeitgeberseite gewünschten Versandweg. Falls diese Informationen einmal nicht vorliegen sollten, wählen Sie die Variante per Post. Sie können sich nie sicher sein, in wieweit der Kenntnisstand Ihres Ansprechpartners in Sachen Online-Medien reicht. Sie bewerben sich dann mit einer traditionellen Bewerbungsmappe.

Kommen wir zur vierten Variante der Zustellung von Bewerbungsunterlagen.

3.4.4   Persönliche Übergabe

In Ausnahmefällen ist es zweckmäßig, Bewerbungsunterlagen persönlich zu überreichen. Dabei gibt es grundsätzlich zwei Möglichkeiten:

- **Persönliches Überreichen durch Sie selbst**

- **Abgabe durch einen Empfehlungsgeber**

Insbesondere der zweite Punkt kann für Sie sehr vorteilhaft sein. Aus Gründen der Vollständigkeit werden sie allerdings beide kurz erläutert.

3.4.4.1   Persönliche Abgabe

Falls Sie die Gelegenheit haben, dem Unternehmen einen persönlichen Besuch abzustatten, um Ihre Unterlagen abzugeben, ist das sicher kein Nachteil. Sie zeigen Ihr Engagement und Motivation (natürlich immer vorausgesetzt, dass Sie im Vorfeld das o.k. für Ihre Bewerbung erhalten haben).

Der unaufgeforderte Besuch eines Arbeitgebers ist allerdings für hochqualifizierte Bewerber eher unüblich. Ihr Ansprechpartner wird eher selten in der Lage sein, sich spontan für Sie Zeit nehmen zu können. Zudem ist es für Sie selbst aufwen-

dig und umständlich. Das kilometerweite Fahren, nur um einen einzigen Arbeit-
geberkontakt beindrucken zu wollen, sollte sorgfältig abgewogen werden. Das ist
nur dann sinnvoll, wenn Sie tatsächlich die Chance haben einen wichtigen Ansprechpartner persönlich zu sprechen.

3.4.4.2   Abgabe durch einen Empfehlungsgeber

Falls Sie einen Bekannten oder sonstigen Kontakt haben, der bei einem von Ihnen
gewünschten Arbeitgeber beschäftigt ist, ist das natürlich eine erfreuliche Ideal-
konstellation.

Es wäre möglich, dass Ihre Unterlagen in der Personalabteilung durch einen Empfehlungsgeber abgegeben werden. Solche Bewerbungen werden meist bevorzugt
bearbeitet. Sie gelangen sozusagen auf einen separaten Stapel. Besser können Sie
Ihren Wettbewerb mit anderen Kandidaten nicht eliminieren.

Falls Sie über solche wertvollen Beziehungen verfügen, ist Ihre Referenz im Anschreiben kurz zu erwähnen. Empfehlungsgeber zeichnen sich dadurch aus, dass
sie bereit sind, sich namentlich nennen zu lassen.

3.4.5   Zusammenfassung

Wir sind am Ende der Bewerbungsphase angelangt. Letztendlich gehen aus dem
Versand Ihrer Unterlagen die Einladungen zu Vorstellungsgesprächen hervor. Die
Voraussetzungen dafür werden bereits im Rahmen der vorangegangenen Aktivi-
tätsphasen geschaffen:

- **In der Recherchephase werden die Grundlagen dafür erarbeitet,
  dass in der Informationsphase Kontakt aufgenommen werden
  kann.**

- **Die Informationsphase stellt sicher, dass in der Bewerbungsphase
  effektive und insbesondere sinnvolle Bewerbungen stattfinden.**

- **Die Bewerbungsphase realisiert Einladungen zu Vorstellungsgesprächen und demnach konkrete Jobangebote.**

Demgemäß bilden alle Phasen zusammen betrachtet eine kausale Aktivitätskette.
Maßgebliche Erfolge schon in der Recherchephase werden sich bis zur Bewer-

bungsphase hindurch ziehen und sich entsprechend positiv bemerkbar machen. Eine komfortable Anzahl interessanter Einladungen zu Gesprächen wird das Endresultat sein. Die Beachtung dieser Zusammenhänge ist ungemein wichtig.

Vorstellungsgespräche können meist nur dann erfolgreich gemeistert werden, wenn der Bewerber über die notwendige Souveränität und positive Ausstrahlung verfügt (das sind im Übrigen die beiden wichtigsten Erfolgsfaktoren). Eine Voraussetzung dafür ist wiederum, dass solchen Gesprächsterminen keine zu hohe subjektive Bedeutung beigemessen wird. Das kann nur dann realisiert werden, wenn es für den Bewerber genügend Alternativen gibt. Funktioniert das eine Gespräch nicht, gibt es andere Gelegenheiten. Dieses Bewusstsein bringt die notwendige Sicherheit. Eine souveräne Ausstrahlung wird die logische Folge sein.

In der Praxis ist allerdings der umgekehrte Fall zu beobachten. Bewerber geraten schon beim Gedanken an ein anstehendes Gespräch unter Erfolgsdruck. Werden solche Situationen analysiert, ist eines immer wieder auffällig. Es werden im Vorfeld zu wenige Arbeitgeber angesprochen. Daraus resultiert die Tatsache, dass zu wenige offene Stellen entdeckt werden. Dadurch ist die Anzahl sinnvoller Bewerbungen zu gering. Daraus folgt, dass die Bewerber nur vereinzelt Einladungen zu Vorstellungsgesprächen erhalten oder sie bleiben im Extremfall ganz aus.

Wenn allerdings ein einziges Gespräch ansteht, gibt es keine Alternativen. Diese seltene Chance muss dann genutzt werden. In diesem Fall ist es mehr als verständlich, dass das Vorstellungsgespräch vom Kandidaten als existenziell wichtig wahrgenommen wird. Stress entsteht, die Bewerber verlieren ihre Souveränität und die Wahrscheinlichkeit des Scheiterns nimmt erheblich zu. Solche unangenehmen Drucksituationen müssen nicht sein.

Zusammengefasst wird festgestellt, dass die Summe aller erhaltenen Vorstellungsgespräche mit der im Vorfeld recherchierten Anzahl von Arbeitgebern direkt korreliert. Ist die Rechercheintensität entsprechend hoch, ist die Anzahl aller Einladungen zu Vorstellungsgesprächen ebenso hoch. Das heißt:

- **In letzter Konsequenz werden durch eine hohe Rechercheintensität die Grundlagen für erfolgreiche Vorstellungsgespräche geschaffen.**

- **Die Menge der recherchierten Arbeitgeber ist proportional zur Anzahl der konkreten Jobangebote.**

Eine hohe Rechercheintensität wird Ihnen erfolgreiche Vorstellungsgespräche und damit einen schnellen Berufseinstieg verschaffen.

■ **Das Hauptziel dieses Werks, die Realisierung Ihres Karrierestarts, wäre an dieser Stelle dann erreicht.**

Jetzt ist der richtige Zeitpunkt gekommen, die Weichen für Ihre weitere berufliche Zukunft zu stellen. Dazu mehr in der nächsten Phase.

3.5   Nachbereitungsphase

Diese Phase wird parallel zu allen anderen Phasen bearbeitet. Sie wird zum Schluss erläutert. An dieser Stelle des Ratgebers kann sie ganzheitlich gesehen werden.

Es wurde empfohlen, die Aktivitäten für die Jobsuche als eine Art Berufstätigkeit aufzufassen. Demnach werden Sie einige Stunden täglich mit der Suche nach Ihrem Berufseinstieg beschäftigt sein. Schnell kann der Überblick verloren gehen. Deshalb kommt der professionellen Dokumentation und Kontrolle Ihrer Recherche-, Informations- und Bewerbungsergebnisse eine wichtige Bedeutung zu. Die Nachbereitungsphase besteht aus:

■ **Erfolgskontrolle der Aktivitäten**

■ **Informationsverarbeitung**

3.5.1   Erfolgskontrolle

In regelmäßigen Abständen müssen Sie Ihre Vorgehensweise überprüfen. Es werden nun Quoten zwischen Aktivitäten und positiven Ergebnissen genannt. Es sind empirische Angaben. Sie stellen Erfahrungswerte dar, die über Jahre entstanden sind und permanent angepasst werden.

Es wird vorausgesetzt, dass alle Ratschläge dieses Werks umgesetzt wurden und realistische berufliche Ziele verfolgt werden. Die Nennung der Erfolgsquoten erfolgt in Form konkreter Prozentangaben. Und zwar unerheblich davon, welche individuellen Ausgangsvoraussetzungen beim jeweiligen Hochschulabsolventen vorzufinden sind. Es sind Mindestquoten. Sie sind im schlechtesten Fall zu erreichen.

Alle nachstehenden Angaben beziehen sich auf die Gesamtsumme aller Arbeitgeber, die Sie im Rahmen der Recherchephase entdeckt haben. Das heißt, die Erfolgsquoten beziehen sich auf die Liste Ihrer persönlichen Arbeitgeberzielgruppe:

- **Von mindestens 50 Prozent Ihrer recherchierten Arbeitgeber erhalten Sie aufgrund Ihrer Erstanfrage weiterführende Informationen. Der Kontakt konnte hergestellt werden.**

- **Bei mindestens 20 Prozent bekommen Sie den konkreten Namen des zuständigen Ansprechpartners genannt.**

- **Von mindestens 10 Prozent Ihrer Arbeitgeberzielgruppe erhalten Sie die Zusage für eine Bewerbung.**

- **Von mindestens 1 Prozent aller kontaktierten Arbeitgeber erhalten Sie ein akzeptables Jobangebot.**

Je nachdem, welche Branche Sie anstreben, welche Fachrichtung Sie studiert haben und welche persönlichen Rahmenbedingungen gegeben sind, können sich die vorstehend genannten Quoten deutlich verändern. Allerdings nur nach oben!

Beispielsweise ist es für einen Absolventen, der über einen auf dem Arbeitsmarkt stark nachgefragten Abschluss verfügt, sicher ausreichend zwischen 50 und 100 Arbeitgeber zu recherchieren, um komfortabel den gewünschten Berufseinstieg zu finden (d. h. mehrere Jobangebote stehen zur Auswahl). Für zurzeit weniger nachgefragte Fachrichtungen, wird die notwendige Mindestzahl zu kontaktierender Arbeitgeber unter Umständen drei- bis viermal so hoch sein müssen.

Selbst im Extremfall, falls Sie tatsächlich zu den seltenen Leserinnen und Lesern zählen sollten, die unter außergewöhnlich ungünstigen Voraussetzungen im Vorfeld zu leiden haben, gilt:

- **Es sind bis heute (auch zu Krisenzeiten) keine Hochschulabsolventen bekannt, die 300 Arbeitgeber recherchierten bzw. kontaktierten und nicht einen mehr als akzeptablen Berufseinstieg fanden.**

Sie werden diese schlechte Quote sicher auch nicht unterbieten können. Und es wird dabei nochmals betont, dass die Zahl 300 nicht bedeutet, dass man sich 300-mal beworben hat. Es bedeutet, dass man 300 potenziellen Arbeitgebern zwei bis drei kurze Fragen per E-Mail, per Telefon oder im persönlichen Gespräch gestellt hat. Nichts weiter. Und die Bewältigung dieser Aufgabe ist in vier Wochen machbar. Das wären dann (in dieser seltenen Situation) maximal 15 Erstanfragen je Tag. Dabei ist mit eingerechnet, dass am Wochenende am Berufseinstieg nicht gearbeitet wird. In allen anderen Fällen sind in der Regel 5-10 Anfragen je Tag ausreichend.

Demnach entscheiden über Ihren Erfolg und Misserfolg bei der Jobsuche nicht in erster Linie Ihr gewählter Studiengang und Ihre persönlichen Rahmenbedingungen, sondern letztendlich Ihre Aktivitätsintensität.

> ■ **Fragen Sie täglich 5-10 Arbeitgeber nach dem zuständigen Ansprechpartner und ob eine Bewerbung sinnvoll ist, werden Sie einen komfortablen Berufseinstieg finden.**

Um Ihre eigenen Zahlen errechnen bzw. Ihre Aktivitäten kontrollieren zu können, benötigen Sie entsprechende Aufzeichnungen.

> ■ **Die gewonnenen Daten der Recherche-, Informations- und Bewerbungsphase sind zu dokumentieren und zu verarbeiten.**

Das können sie mit dem Aufbau einer Datenbank sicherstellen. Die professionelle Verarbeitung von Informationen wird für Sie weitere Vorteile gewährleisten.

3.5.2   Informationsverarbeitung

Während der unterschiedlichen Aktivitätsphasen sammelt sich eine beträchtliche Menge Informationen und Daten an. Sie haben Ideen gehabt, Arbeitgeber recherchiert, Bewerbungsunterlagen versendet sowie Bestätigungsschreiben, Absagebriefe und Einladungen zu Vorstellunggesprächen erhalten. Weiterhin gab es zahlreiche Telefonate, persönliche Gespräche und E-Mails.

> ■ **Ihre gesammelten Daten und Informationen sind für Ihre berufliche Zukunft Gold wert.**

Beginnen Sie schon beim Start Ihrer Suche nach dem Berufseinstieg mit dem Aufbau einer beruflichen Datenbank. Wenn Sie Ihre bisher gewonnenen Daten nicht ausreichend dokumentieren, verarbeiten und pflegen, können Sie in der nächsten

Bewerbungsphase, die mit Sicherheit auf Sie zukommen wird, erneut von vorne beginnen. Werden Sie sich bewusst, dass Sie sich diese ganze Arbeit nur ein einziges Mal in Ihrem Leben machen müssen.

Nutzen Sie diese einmalige Situation. Wenn Sie Ihre Dokumentationen jetzt professionell führen, wird etwas Einzigartiges entstehen. Diese Aufzeichnungen werden es auch nach Ihrem Berufseinstieg ermöglichen, jederzeit und zeitnah Jobalternativen generieren zu können. Sie werden nie mehr von einem einzigen Arbeitgeber abhängig sein. Vielleicht erwächst aus Ihrer Datenbank mit der Zeit ein machtvolles berufliches Netzwerk. Dann ist sogar eine einzigartige Traumkarriere möglich.

Kommen wir zurück zu Ihren gesammelten Daten. Ein paar Informationen verarbeiten bzw. ordnen, das hört sich recht einfach an. Die meisten Menschen unterschätzen diese Herausforderung.

Sie benötigen ein Zeit- und Informationssystem. Folgende Möglichkeiten gibt es dazu:

- **MS Outlook**

- **MS Excel-Tabellen**

- **Adressbücher der E-Mail-Betreiber**

- **Sonstige Software- oder Papier-Zeitsysteme**

- **Aktenordner**

Sicher ist MS Outlook ein nahezu perfektes Instrument. Sie können damit Ihre E-Mails abrufen, speichern und verwalten. Zudem können Kontakte, Ordner und ganze Datenbanken angelegt werden. Ebenso sind Terminplanungen, Wiedervorlagen und die Zuordnung von Kontaktkategorien möglich. Das Ganze können Sie zu einem sehr umfangreichen Zeit- und Informationsmanagement ausbauen.

Falls Sie allerdings das erste Mal eine Datenbank aufbauen möchten, erscheint eine derart vielseitige Software wie MS Outlook ein wenig überdimensioniert. Um allen Leserinnen und Lesern gerecht zu werden, wird in diesem Buch deshalb das unkomplizierteste Zeit- und Informationssystem vorgestellt. Im Übrigen hat die Praxis bewiesen, dass ein System erfolgreicher ist, wenn es einfach aufgebaut ist.

Es wird ein simples, aber hocheffektives Ordnersystem vorgeschlagen. Sie können es entweder per Papier mit einem Aktenordner inklusive einer Registereinteilung oder alternativ digital auf einem PC anlegen. Je nach Bedarf und persönlichem Geschmack, können Sie das Ganze zu einem späteren Zeitpunkt weiter ausbauen und komplexer gestalten.

Es wird im Folgenden eine konkrete Ordnerstruktur vorgeschlagen. Sie ist in der Praxis ausreichend erprobt. Mit diesem simplen Aufbau wurden hervorragende Resultate erzielt:

- **Ordner 1: Wiedervorlage (inkl. Jahreskalender)**

- **Ordner 2: Aktuell laufende Bewerbungen**

- **Ordner 3: Positiv abgearbeitete Ansprechpartner**

- **Ordner 4: Vergeblich kontaktierte Arbeitgeber**

- **Ordner 5: Stoffsammlung**

In einem klassischen Aktenordner entspricht die Ordner-Gliederung der Registereinteilung. Falls Sie das Ganze mit dem PC bearbeiten möchten, wird die gezeigte Einteilung als Ordnerliste angelegt. Für jeden Arbeitgeber gibt es einen Unterordner (Ordnername = Arbeitgeberbezeichnung).

Beispiel:

Herr P. entschloss sich, seine erste Datenbank mit einem Aktenordner aufzubauen. In bestimmten Fällen bevorzugte er mittlerweile wieder das Arbeiten mit Papier. Als Deckblatt seines „Wiedervorlage"-Registers hatte er einen einfachen Jahreskalender eingeheftet.

Vormittags, wenn er gegen 09.30 Uhr nach einem gemütlichen Frühstück seinen ‚Bewerbungsarbeitstag' startete, begann er stets mit der Sichtung des Kalenders seiner „Wiedervorlage". Welche Bewerbungen waren überfällig? Welche Ansprechpartner wünschten, nochmals angerufen zu werden? Wer erwartete eine Antwort per E-Mail? Was war grundsätzlich zu tun?

Anschließend war sein E-Mail-Konto an der Reihe. Waren auf die gestern versandten Erstanfragen Antworten eingegangen? Erhaltene Absagen ordnete er in das Register „Vergeblich kontaktiert" ein. Nachrichten, mit der Aufforderung, sich nochmals zu einem späteren Zeitpunkt zu melden, gingen inklusive der übrigen dazu gehörigen Arbeitgeberdaten in die „Wiedervorlage". Der jeweils gewünschte Zeitpunkt wurde in den Jahreskalender eingetragen. Erhielt er ein o.k. für eine Bewerbung, modifizierte er seine Unterlagen und sandte sie unverzüglich ab. Gleichzeitig heftete er den gesamten Vorgang, also alle dazugehörigen Dokumente, Recherchedaten, eine Kopie des versandten Lebenslaufs sowie das Anschreiben in das Register „Laufende Bewerbungen" um. Gleichzeitig trug er in den Kalender seiner „Wiedervorlage" ein, dass er nach drei Wochen nachhaken würde.

Danach telefonierte er. Er suchte sich aus dem Register „Stoffsammlung" fünfzehn Unternehmen heraus, bei denen er bereits im Vorfeld die Telefonnummern recherchiert hatte. Die Ergebnisse seiner Gespräche legte er in Form von Telefon-Gesprächsnotizen in den jeweiligen Registern ab. Erwünschte Bewerbungen erstellte er wiederum umgehend.

Einige in der „Stoffsammlung" eingehefteten Daten und Notizen waren noch unvollständig. Sie wurden im Internet nachrecherchiert und in Sachen Telefonnummern und E-Mail-Adressen komplettiert. Weitere Erstanfragen, ob eine Bewerbung sinnvoll bzw. wer der Ansprechpartner sei, konnten wieder per E-Mail versandt werden.

Anschließend sichtete er im Internet unpassende Stellenangebote nach interessanten Arbeitgeberdaten. Er druckte die Anzeigen aus und heftete sie zunächst in die „Stoffsammlung" ein. Danach surfte er im Internet in seiner bevorzugten Branche. Ergebnisse wurden ausgedruckt und ebenfalls in die „Stoffsammlung" eingeheftet. In den nächsten Tagen würde er sicher Zeit finden, die bis dahin angesammelten Daten weiter zu bearbeiten.

Falls keine Vorstellungsgespräche oder sonstigen Veranstaltungen anstanden, machte Herr P. meist gegen 12.30 Uhr Mittagspause. Im Anschluss daran kontrollierte er, ob alle Vorgänge und Aktivitäten des Tages in seinem Ordner dokumentiert waren. Gegen 14.30 Uhr machte er Feierabend. Fünf Stunden täglich waren für ihn auseichend.

Es war Sommer. Nachmittags ging Herr P. gerne an den Badesee. Dort traf er sich mit Freunden. Wenn er nebenbei von einem neuen Unternehmen hörte oder spontan eine Idee hatte, tippte er sich stets ein paar Infos in sein Mobiltelefon ein. Dies tat er ebenso, wenn ihm eine passende Firma im Radio, auf einem Werbeplakat oder Ähnlichem auffiel.

Als er abends in die Kneipe ging, saß jemand an der Theke neben ihm. Er kam ins Gespräch. Einige Tipps und Ideen für mögliche Arbeitgeber kamen am Rande auf. Er machte sich dazu auf einem Bierdeckel ein paar Notizen.

Am nächsten Morgen (nach dem gemütlichen Frühstück) übertrug er zunächst die Einträge des gestrigen Tages aus seinem Mobiltelefon in die „Stoffsammlung" seines Ordners. Den Bierdeckel lochte er und heftete ihn dort ebenso ab. Im Laufe der Woche würde er die abgehefteten Ideen im Internet recherchieren. Heute allerdings war ein Trip nach Köln geplant. Eine Absolventen-Messe stand an. Vormittags würde er dort Visitenkärtchen sammeln gehen. Danach wollte er eine alte Bekannte besuchen. Allerdings erst um 16.30 Uhr. Er hatte beschlossen, zwei Überstunden auf der Messe einzulegen.

Erst die Arbeit, dann das Vergnügen!

Es wird empfohlen, alle erhaltenen Daten und Informationen in kurzen Abständen aufzuarbeiten. Im Idealfall täglich zum Ende Ihres ‚Bewerbungs-Arbeitstages' (siehe empfohlener Tagesablauf im Kapitel „Vorbereitungsphase bzw. Aktivitätsplanung").

■ Sammeln Sie neue Daten im Ordner „Stoffsammlung".

Der Ordner „Stoffsammlung" ist damit der Start von allen Aufzeichnungen. Dort sind Ihre Ideen und Rechercheergebnisse zu finden. Das können Stelleninserate, Notizen (auch Bierdeckel oder Handyfotos), Internetausdrucke oder sonstige Infos sein.

In der „Stoffsammlung" laden Sie sozusagen Ihre Datenbank bzw. Ihr Informationsverarbeitungssystem auf. Im Laufe der sich anschließenden Informations- und Bewerbungsphase ergänzen Sie die dort befindlichen Daten. Dann müssen Sie sie, je nach Bearbeitungsstand, nur noch innerhalb der Ordnerliste umspeichern. Ihre Daten wandern dann durch Ihre Ordnerstruktur.

Falls Sie mit Papier arbeiten und einen Aktenordner verwenden, heften Sie Ihre Dokumente von einer Registerunterteilung in die andere um. So geht nichts verloren. Zum Schluss landen alle Daten entweder in dem Ordner „Vergeblich kontaktierte Arbeitgeber" oder in „Positiv abgearbeitete Ansprechpartner". In dem letztgenannten Ordner befinden sich dann die wichtigsten Ansprechpartner und Arbeitgeber, sozusagen die potenziellen ‚Geldgeber' Ihrer beruflichen Zukunft.

3.5.3 Zusammenfassung

Grundsätzlich wird für die Phase der Erfolgskontrolle und Dokumentation Folgendes festgestellt:

- **In letzter Konsequenz ist nicht ihre fachliche Ausgangssituation, sondern die Aktivitätsintensität der Schlüssel für einen erfolgreichen Karrierestart.**

- **Der Aufbau einer beruflichen Datenbank wird nicht nur sicherstellen, dass Sie den Überblick während der Jobsuche behalten, sondern Ihre weitere Karriere maßgeblich positiv beeinflussen.**

Aus Ihrer ersten Datenbank kann schnell ein berufliches Netzwerk entstehen. Deshalb können Sie bei Ihrer jetzt anstehenden ersten beruflichen Station sogar unbesorgt einige Kompromisse eingehen (falls überhaupt notwendig). Denn das wird nicht lange vonnöten sein.

Wenn erst einmal der Kampf auf der Arbeitgeberseite um die immer weniger werdenden Spitzenkräfte begonnen hat, sind Sie vorbereitet. Sie verfügen zu diesem Zeitpunkt nicht nur über die notwendige Berufspraxis, sondern kennen darüber hinaus die wichtigsten Ansprechpartner Ihrer Branche. Damit können Sie sich die besten Positionen, sozusagen die ‚Sahnestückchen', herauspicken.

Lesen Sie mehr dazu auf den nächsten Seiten.

4 Karrierestart und Zukunftssicherung

Es ist von entscheidender Bedeutung, dass Sie sich schon zu Beginn Ihrer Bewerbungsaktivitäten (schon in der „Vorbereitungsphase") mit Ihrer beruflichen Zukunft auseinandersetzen.

Haben Sie erst einmal alle Ratschläge der bisherigen Kapitel in die Praxis umgesetzt, werden Sie zu diesem Zeitpunkt den Großteil Ihrer kompletten Arbeitgeberzielgruppe kennen.

■ **Schon zu Beginn Ihrer ersten akademischen Anstellung zählen Sie zu den seltenen Beschäftigen, die über eine umfangreiche Datensammlung potenzieller Ansprechpartner und Arbeitgeber verfügen.**

Vielleicht werden Sie dadurch mit riesigen Karriereschritten an allen anderen vorbei eilen. Darüber hinaus ist es sogar durchaus realistisch, dass Sie sich in der Zukunft überhaupt nicht mehr bewerben müssen.

■ **Ihre jetzt anstehende Bewerbungsphase könnte in dieser Form die erste und zugleich die letzte Ihres Lebens sein.**

Nicht, weil Sie dann auf Lebenszeit bei einem einzigen Arbeitgeber tätig sind, sondern weil sich alle weiteren Karriereschritte unbürokratischer und automatisch ergeben werden.

Nutzen Sie diese einmalige Ausgangssituation, in der Sie sich zum Zeitpunkt Ihres Berufseinstiegs befinden werden. Dazu mehr in den folgenden Kapiteln.

4.1 Bewerbungsnachlauf

Aufgrund der hier vorgestellten Initiativstrategien werden Sie nicht nur Ihren Berufseinstieg gefunden, sondern darüber hinaus einiges angestoßen haben. So manche Ihrer Kommilitonen, die noch Bewerbungstechniken vergangener Zeiten verfolgen, werden fassungslos sein, wenn er von Ihren Bewerbungsergebnissen erfährt. Auch, wenn es für die meisten ungewohnt klingt: Nachdem Sie Ihre erste akademische Anstellung in der Tasche haben, werden Sie erfahrungsgemäß noch eine Zeit lang zahlreiche positive Nachrichten und Feedbacks von zuvor kontaktierten Ansprechpartnern erhalten. Sogar Einladungen zu weiteren Vorstellungsgesprächen sind sehr wahrscheinlich.

Wenn der Berufseinstieg erst einmal geschafft ist, brechen allerdings die meisten Bewerber ihre Aktivitäten abrupt ab und reagieren auf andere potenzielle Arbeitgeber nicht mehr. Sie hingegen sollten das bitte nicht tun.

■ **Bestehen noch bei anderen Arbeitgebern Einladungen zu Vorstellungsgesprächen, sollten Sie sie unbedingt wahrnehmen.**

Sie sind nicht gezwungen, jedem sofort mitzuteilen, dass Sie zu diesem Zeitpunkt bereits Ihren Karrierestart realisiert haben. Ebenso ist es zweckmäßig, auf weiterhin eingehende Nachrichten und Telefonate interessiert zu reagieren. Im Prinzip behalten Sie Ihre Aktivitäten bei wie bisher. Nur die Intensität wird erheblich herabgesetzt sein. Sie müssen nur noch reagieren statt zu agieren. Gibt Ihnen jemand noch das o.k. für eine Bewerbung, so senden Sie ihm eine zu. Diese Vorgehensweise sollten Sie solange beibehalten, bis Sie auch wirklich jeden im Vorfeld recherchierten Arbeitgeber abgearbeitet haben.

Ist ein Arbeitgeber noch an Ihnen interessiert, Sie allerdings schon längst nicht mehr an ihm, können Sie ihm beispielsweise mitteilen, dass man Ihnen ein Angebot gemacht hat, das Sie unmöglich ausschlagen konnten. Oder Sie teilen mit, dass Sie leider gezwungen waren, sich kurzfristig zu entscheiden und Sie keine andere Wahl hatten. Machen Sie dem Arbeitgeber ruhig ein paar Komplimente. Das Jobangebot wäre hochinteressant gewesen. Oder Sie geben an, dass Sie sich bei Ihren Überlegungen sehr schwer getan hätten, da das Unternehmen einen ‚so guten Ruf‘ hätte' oder Ähnliches.

Üben Sie die schwierige Gradwanderung, jemandem absagen zu müssen und gleichzeitig dem Gegenüber ein positives Gefühl zu vermitteln. Auch im Umkehrschluss. Falls Sie selbst Absagen von Arbeitgebern erhalten, sollten Sie dabei grundsätzlich positiv reagieren. Vielleicht haben Sie ja ein wenig schauspielerisches Talent und reagieren entsprechend ‚tief enttäuscht‘.

Denken Sie bitte schon jetzt an Ihre weitere berufliche Zukunft. So mancher Kontakt wird dabei sein, den Sie sicher wieder einmal ansprechen möchten, gemäß dem Motto: „Man sieht sich im Leben immer zweimal". Das ist der beste Weg, um aus Ihren Ansprechpartnern letztendlich echte Referenzen entstehen zu lassen.

Im Übrigen sollten Sie berücksichtigen, dass der Kündigungsschutz noch nicht greift, solange Sie nicht die neue Arbeitsstelle angetreten sind. Es ist nicht ausreichend, dass lediglich der unterschriebene Arbeitsvertrag vorliegt. Der Arbeitgeber kann bis zu Ihrem ersten Arbeitstag täglich vom Vertrag zurücktreten (im Umkehrschluss Sie natürlich auch). Ebenso werden heutzutage lange Probezeiten vereinbart. Sie haben also keinen Grund, eine berufliche Chance voreilig auszuschlagen.

Darüber hinaus sollten wir uns alle im Zeitalter der Globalisierung an ein wenig mehr Dynamik und Unsicherheit gewöhnen. Jeder Job könnte täglich in Gefahr sein, nur weil jemand irgendwo auf der Welt eine strategische Entscheidung getroffen hat, die zufällig uns betrifft.

Sicher enthält auch Ihre „Wiedervorlage" noch anstehende Aufgaben für die nahe Zukunft. Beispielsweise E-Mails oder Telefonate, in denen Sie gebeten wurden, sich später nochmals zu melden.

■ **Sehen Sie bitte davon ab, auch nur einen einzigen Kontakt zu vernachlässigen.**

Selbst dann, wenn Sie Ihren Traumjob gefunden haben.

Beispiel:

Herr Q. war Informatiker. Dementsprechend hatte er nach seinem Studium einige lukrative Angebote für seinen Berufseinstieg vorliegen. Schließlich entschied er sich für eine Position bei einem etablierten Software-Hersteller. Das Unternehmen zählte zu seiner ersten Wahl. Er war begeistert, als er die Jobzusage erhielt.

Es standen die nächsten Wochen allerdings noch drei weitere Vorstellungsgespräche bei anderen Unternehmen an. Herr Q. sagte sie ausnahmslos ab. Dabei ging er rigoros vor. Er hatte schließlich die Zusage für seinen Traumjob. Er startete seine erste akademische Berufstätigkeit als Trainee.

Herr Q. war gerade einmal ein Vierteljahr in Arbeit, als er in der Zeitung las, dass sein Arbeitgeber mehrheitlich von einem amerikanischen Konzern übernommen wurde. Das war für ihn sehr überraschend. Während der Arbeit deutete sich dahingehend nichts an. Auch seine Arbeitskollegen waren erstaunt. Es vergingen weitere acht Wochen. Schließlich wurde die Belegschaft informiert, dass die Sparte, in der Herr Q. im Übrigen als Trainee beschäftigt war, zum Jahresende aufgegeben werde. Herrn Q. wurde schnell klar, dass die künftige Position, auf die er vorbereitet werden sollte, sich in Luft aufgelöst hatte. Man würde aber eine Lösung finden, sagte man ihm. Weitere Informationen gab es allerdings keine. Man wisse selbst nicht so genau, wie es jetzt weitergehen werde.

Irgendwann, in einem Gespräch in der Kantine, erhielt er von einigen Kollegen den Tipp, dass es für ihn sinnvoll sein könnte, sich nach einer neuen Perspektive umzusehen. Zugleich erfuhr er dabei, dass fast die Hälfte seiner hochspezialisierten Kollegen bei anderen IT-Unternehmen bereits unterschrieben hatte.

Nach Feierabend zu Hause angekommen, suchte Herr Q. seine Aufzeichnungen über seine Bewerbungsaktivitäten heraus. Er stellte fest, dass er viele Vorgänge nicht mehr nachvollziehen konnte. Einige Informationen und Ansprechpartner waren gar nicht mehr zu finden. Er entschloss sich, zumindest bei denjenigen Unternehmen anzurufen, die ihn zu persönlichen Gesprächen eingeladen hatten. Daran konnte er sich noch gut erinnern, schließlich waren sie an ihm interessiert gewesen. Er hätte jetzt doch Interesse, würde er bekunden.

Bei allen drei Unternehmen, bei denen er im Vorfeld Gesprächstermine kommentarlos absagte, erhielt er allerdings keine zweite Chance. Man erinnerte sich dort ebenfalls an Herrn Q.

Selbstverständlich liegt es in der Natur der Sache, dass Sie direkt nach dem Berufseinstieg Ihren Fokus voll auf den Arbeitsalltag Ihrer brandneuen Anstellung legen werden. Dennoch sind Ihre aufgebauten Kontakte und Referenzen der entscheidende Schlüssel für die Absicherung Ihrer beruflichen Zukunft. Sie sind zu wertvoll, um damit fahrlässig umgehen zu können.

Darüber hinaus sollte sich Ihre Datenbank, das heißt Ihre Arbeitgeber- und Ansprechpartnersammlung, permanent erweitern. Schließlich sind Sie darin zu diesem Zeitpunkt mehr als geübt.

4.2   Datenbankaufbau

Der Aufbau einer beruflichen Datenbank ist anfangs für jedermann mühselig und zeitraubend. In Ihrem Fall allerdings nicht. Sie werden zu diesem Zeitpunkt mehr oder weniger alles schon hinter sich haben. Wenn Sie in das Berufsleben einsteigen, existiert bereits Ihre berufliche Datenbank. Bedenken Sie, welche umfangreiche Recherche- und Informationsarbeit zu Beginn der Jobsuche erforderlich ist. Verglichen dazu, ist die Erweiterung bestehender Kontakte ein sehr geringer Aufwand. Nutzen Sie auch diese Chance.

Folgende Aktivitäten sollten Sie sich auch nach Ihrem Berufseinstieg unbedingt zur Gewohnheit machen:

- **Hören Sie von neuen interessanten Unternehmen bzw. Ansprechpartnern oder haben einfach nur spontane Ideen, so legen Sie diese auch weiterhin im Ordner „Stoffsammlung" ab.**

- **Machen Sie es sich zur Gewohnheit, zumindest die Stelleninserate der Zeitung jede Woche querzulesen. Interessante Arbeitgeberdaten werden der Zeitung entnommen und ebenso in die „Stoffsammlung" eingeordnet.**

- **Nehmen Sie bei Veranstaltungen, die mit Ihrer Branche oder Ihrem Tätigkeitsbereich zu tun haben, Kontakt auf. Nutzen Sie die dafür bereits vorgestellten Gesprächsleitfäden für Erstkontakte.**

- **Treten Sie einem Verband oder einer sonstigen Interessensgruppe bei. Zumindest eine ehrenamtliche Aufgabe, die Ihre Berufstätigkeit direkt oder indirekt betrifft, sollten Sie übernehmen.**

- **Gehen Sie regelmäßig ins Internet und befassen Sie sich dort mit Ihrer Branche.**

Ihre Dokumentationen sollten Sie Ihr ganzes Berufsleben hindurch begleiten.

- **Es ist völlig in Ordnung, wenn Sie sich Ihrer Datenbank nur ein bis zweimal im Jahr widmen.**

Sie sichten dann die „Wiedervorlage" und schauen nach, bei wem Sie sich noch einmal melden wollten. Gleichzeitig bearbeiten Sie die Ideen, Notizen und Dokumente, die sich mittlerweile in Ihrer „Stoffsammlung" angesammelt haben. Gehen Sie gemäß den vorgestellten Informations- und Recherchetechniken vor.

Wenn Sie im Berufsleben stehen, wird der weitere Ausbau Ihrer Datenbank noch einfacher werden. Sie kommen mit Arbeitskollegen, Vorgesetzten, Kunden und Lieferanten automatisch in Kontakt. Sie stehen praktisch mitten in Ihrer Branche. Halten Sie stets Augen und Ohren offen.

- **Es ist heute nicht mehr ungewöhnlich, dass sich neue berufliche Perspektiven bei bestehenden Kunden und Lieferanten ergeben.**

Das kommt öfter vor, als so mancher vermutet. In vielen Fällen werden interessante Mitarbeiter durch die Kunden und Lieferanten des eigenen Arbeitgebers abgeworben. Jeder Kontakt im Arbeitsalltag zu externen Unternehmen könnte praktisch eine weitere Karrierechance sein. Denken Sie daran, wenn Sie im Rahmen Ihrer zukünftigen Berufstätigkeit entsprechende Begegnungen machen.

- **Bleiben Sie während Ihres gesamten Berufslebens für neue berufliche Ansprechpartner offen und pflegen Sie diese in Ihre bestehende Datenbank ein.**

Schnell werden Sie so über ein machtvolles berufliches Netzwerk verfügen, das Ihnen Ihre Karriere sichert.

4.3   Kontaktpflege

Aus Ihrer erweiterten Datenbank kann relativ zeitnah ein funktionierendes Netzwerk entwickelt werden. Ihr Fokus sollte dabei auf den bestehenden Ordner „Positiv abgearbeitete Ansprechpartner" gerichtet sein. In der Regel befinden sich darin Ihre maßgeblichen Kontakte.

Zu Anfang Ihrer jungen akademischen Laufbahn werden allerdings noch Bemühungen und Aktivitäten Ihrerseits gefordert sein. Ihre aufgebauten Kontakte müssen gehegt und gepflegt werden.

Später, wenn Sie ein beruflicher Könner sind, wird sich das schnell ändern. Sie werden einen andern Status genießen. Andere Menschen werden sich dann auch um Sie bemühen. Noch ist es allerdings nicht so weit. Zu Anfang Ihrer Karriere sollten Sie sich Folgendes zur Gewohnheit machen:

- **Bei Ihren bereits vorliegenden Ansprechpartnern sollten Sie sich ein oder zweimal im Jahr melden.**

- **Oster-, Weihnachts- und Neujahrswünsche bieten sich beispielsweise an (mit persönlicher Ansprache - also bitte keine Sammel-E-Mails per Blindcopy).**

- **Haben sich Ihre Adresse, Telefonnummer, E-Mail-Adresse o. Ä. geändert, ist das ein guter Grund, Ihre Kontakte zu informieren.**

- **Durchaus können Sie bei vertrauteren Kontakten hin und wieder um beruflichen Rat bitten.**

Es sind immer wieder Anlässe zu finden, um zumindest ein bis zwei Mal im Jahr Kontakt aufzunehmen. Die Art und Weise können Sie davon abhängig machen, wie sympathisch bzw. interessant Sie die jeweiligen Ansprechpartner finden.

Beispiel:

Frau A. war bereits seit drei Jahren berufstätig, als Sie um einen Trainingstermin für Vorstellungsgespräche bat. Nach ihrem Studium der Sozialwissenschaft fand sie den Berufseinstieg in der Marktforschung.

Frau A. hatte von Anfang an die Befürchtung, dass ihre Anstellung nicht von langer Dauer sein würde. Es gab allerdings keine klaren Gründe für ihre Sorgen. Ihr Chef gab ihr stets positive Rückmeldungen und sie fand auch sonst keine konkreten Anlässe, warum ihr Arbeitsplatz gefährdet sein sollte.

Allerdings beobachtete sie mit Argwohn, dass die Firma die Positionen ausscheidender Mitarbeiter nicht mehr neu besetzte. Stattdessen wurde die Personaldecke mit Freelancern, Auszubildenden und Praktikanten aufgefüllt.

Aus diesem Grund blieb sie vorsichtshalber mit vielen Ansprechpartnern, noch aus ihrer Bewerbungszeit, in Verbindung. Sie hatte stets beibehalten, einmal im Jahr kurz vor Weihnachten, persönliche Wünsche per E-Mail zu versenden. Sie machte sich sogar die Mühe, jedem privaten und beruflichen Kontakt ein bis zwei persönliche Zeilen zu schreiben. Obwohl das jedes Jahr einen ganzen Abend bis hinein in die Nacht dauerte, verzichtete sie niemals darauf.

Eines Tages erhielt sie einen Anruf von einer Personalerin. Bei ihr hatte sie sich vor drei Jahren vorgestellt. Es ging damals um eine Einstiegsposition im öffentlichen Dienst. Frau A. war zu dieser Zeit sehr an der angebotenen Position interessiert gewesen - allerdings kam Sie nicht zum Zuge.

Jetzt erkundigte sich die Personalchefin nach ihrer aktuellen Anstellung und fragte nach, ob meine Kundin an einer besseren beruflichen Perspektive interessiert sei. Im Übrigen hätte sie sich jedes Jahr über ihre persönlichen Weihnachtswünsche gefreut. Und sie sei immer wieder überrascht gewesen, dass sie nie pauschal im Rahmen von Sammelnachrichten versendet wurden.

Die Woche darauf war sie zu einem Vorstellungsgespräch eingeladen.

Es versteht sich von selbst, dass bei der Kontaktpflege ein wenig Fingerspitzengefühl notwendig ist. Selbstverständlich können Sie allen möglichen Menschen nette Grüße senden. Wenn allerdings keine positiven Reaktionen kommen, ist die Wahrscheinlichkeit hoch, dass keine weiteren Nachrichten Ihrerseits erwünscht sind. Auch dann, wenn Ihnen die Person sehr wichtig erscheint, respektieren Sie das bitte.

Um ganz sicher zu gehen, können Sie durchaus zwei bis drei Kontaktversuche unternehmen. Spätestens danach sollten Sie den Ansprechpartner vom Ordner „Positiv abgearbeitete Ansprechpartner" in den Ordner „Vergeblich kontaktierte Arbeitgeber" degradieren.

Wenn Sie es im Übrigen beibehalten, sich regelmäßig zu melden, werden sich manchmal automatisch Situationen für ein persönliches Kennenlernen ergeben. Es ist völlig in Ordnung, wenn es anfänglich nur eine kurze Begrüßung oder ein Small-Talk ist. Grundsätzlich sollten Sie immer das Ziel verfolgen, eine gewisse Beziehung zum Gegenüber aufzubauen.

■ **Die erste Voraussetzung für den weiteren Beziehungsaufbau ist,
dass man sich schon einmal gesehen hat.**

Falls sich solche Gelegenheiten ergeben, sollten Sie darauf achten, dass sich das
erste persönliche Treffen im beruflichen Rahmen bewegt.

Irgendwann wird sich Berufliches mit Privatem vermischen. In dieser Phase sind
Sie zu Beginn Ihrer Karriere noch nicht. An dieser Stelle des Netzwerkaufbaus ist
die Einhaltung einer gewissen Geschäftsmäßigkeit zweckmäßig. Das betrifft insbesondere die Damenwelt. Es könnte missverstanden werden, wenn Sie sich beispielsweise regelmäßig bei einem männlichen Ansprechpartner melden und darüber hinaus für persönliche Treffen offen sind. Auch hier ist Fingerspitzengefühl
erforderlich.

Sammeln Sie Ihre eigenen Erfahrungen. Sie werden schnell feststellen, dass Sie in
kürzester Zeit eine gewisse Routine entwickeln, wann und welche gesellschaftlichen Grenzen sowie Rahmenbedingungen eingehalten werden müssen.

Entdecken Sie Ihre Freude daran, sich mit Menschen auszutauschen und regelmäßig in Kontakt zu bleiben. In den kommenden Jahren wird sich dann Ihre Datenbank immer schneller zu einem mächtigen Netzwerk verwandeln.

4.4   Fazit

Setzen Sie alle Empfehlungen in diesem Buch in die Praxis um, werden Sie nicht
nur Ihre erste akademische Anstellung finden, sondern darüber hinaus ideale
Voraussetzungen für ein machtvolles berufliches Netzwerk schaffen.

■ **Ihre jetzt anstehende Bewerbungsphase könnte dadurch in dieser
Form die erste und zugleich die letzte in Ihrem Leben sein.**

■ **Ihre Datenbank ist sozusagen die Lebensversicherung Ihrer beruflichen Zukunft.**

■ **Dadurch ist selbst eine Traumkarriere durchaus realisierbar.**

Das bedeutet nichts anderes, als dass Sie jetzt in erster Linie Ihre erste akademische Anstellung mit Hilfe der erläuterten Initiativstrategien realisieren. Währenddessen entsteht automatisch, als eine Art Nebenprodukt aller Aktivitäten, eine Datenbank, die Ihre gesamte weitere berufliche Karriere absichern wird.

Mit Ihrer Datensammlung werden Sie Ihren Arbeitsalltag mit dem Bewusstsein erleben, dass Sie jederzeit und zeitnah berufliche Alternativen schaffen können. Das wird Ihr Sicherheitsgefühl und Ihre Arbeitszufriedenheit maßgeblich fördern. Sie sind dann nicht mehr von einem einzigen Arbeitsplatz existenziell abhängig.

Mehr Lebensqualität und eine positive Ausstrahlung werden die Folge sein. Ideale Voraussetzungen für ein erfolgreiches und zugleich harmonisches Berufsleben! Zudem können Sie auch dynamischeren Zeiten mehr als gelassen entgegensehen.

Noch ist es allerdings nicht soweit. Jetzt stehen für Sie erst einmal die ersten Aktivitäten an. Sie haben nicht nur einige Vorbereitungen zu treffen, sondern insbesondere Ihren allerersten Arbeitgeber zu recherchieren, zu kontaktieren und zu dokumentieren.

Ich wünsche Ihnen dabei viel Erfolg und darüber hinaus viel Glück für Ihre private und berufliche Zukunft.

Ihr Dieter L. Schmich

Teil B
Arbeitsblätter & Vorlagen

Arbeitsblatt: Erste Orientierung

Beantworten Sie zunächst spontan folgende Fragen:

■ **In welchem/n Aufgabenbereich/en möchte ich tätig sein?**

....

....

(z. B. Consulting, PR, Entwicklung, Controlling, Vertrieb, usw.)

■ **Bevorzuge ich eine bestimmte Branche?**

....

....

(z. B. Chemie, Medien, Pharmabranche, IT, Telekommunikation, usw.)

■ **Bei welcher Art von Arbeitgebern sehe ich meine Zukunft?**

....

....

(z. B. Mittelstand, Öffentlicher Dienst, Hochschule, egal, usw.)

■ **In welcher Region möchte ich mit der Suche nach meinem Berufs-einstieg beginnen?**

....

....

(z. B. München, Norddeutschland, Schweiz, Europa, egal, usw.)

Falls Sie darauf noch keine klaren Antworten geben können, gehen Sie zunächst über zur Analyse Ihrer Hardskills und Softskills (siehe folgende Seiten).

Arbeitsblätter: Hardskills

1. Schritt: Stationen des Lebenslaufs:

■ **Wann und wo haben Sie was gemacht bzw. absolviert? Notieren Sie sich zugleich die Monats- und Jahreszahlen:**

Studium	Notizen	Zeitraum
Abschlüsse an Hochschulen oder sonstigen Bildungsträgern?		
Besonderheiten, Schwerpunkte oder sonstige Vertiefungen?		
Abschlussarbeit?		
Sonstige schriftliche Ausarbeitungen?		

Studium	Notizen	Zeitraum
Teilnahmen an Planspielen oder Förderprojekten der Privatwirtschaft/der öffentlichen Hand?	....	....
Mitarbeit an sonstigen Projekten?	....	....
Freiwillige Zusatzkurse oder sonstige außergewöhnliche Seminare?	....	....
Auszeichnungen oder herausragende Noten?	....	....
Zusammenarbeit mit berufsspezifischen Prominenten?	....	....

Praxiserfahrungen vor und während des Studiums	Notizen	Zeitraum
Praktika?	....	....
Praxissemester?	....	....
Ferien- und Nebenjobs?	....	....
Berufsausbildung?	....	....
Sonstige Aktivitäten in der Arbeitswelt?	....	....

Schulbildung	Notizen	Zeitraum
Abschlüsse?	....	....
Mitarbeit an schulischen Pro-jekten?	....	....
Auszeichnungen oder herausra-gende Noten?	....	....

Sonstige Fähigkei-ten und Kompeten-zen	Notizen	Zeitraum
Ehrenamtliche und gemeinnüt-zige Tätigkeiten?	....	....

Sonstige Fort- und Weiterbil- dungen?	....	....
Sonstige Aktivi- täten in Verei- nen, Interessens- gruppen, Ver- bänden oder Ähnliches?	....	....
Berufsrelevante Hobbys?	....	....
Längere Aus- landsaufenthal- te?	....	....

Nun haben Sie alle allgemeinen Stationen Ihres Lebenslaufs gesammelt.

Hatten Sie bei dem einen oder anderen notierten Punkt bereits Kontakt mit der Arbeitswelt? Mit Hilfe der Tabellen auf den folgenden Seiten, können Sie im zwei- ten Schritt Ihre bis jetzt notierten Stationen praxisorientiert bewerten.

2. Schritt: Praxisorientierte Bewertung der notierten Lebenslaufstationen

■ **Bearbeiten Sie die folgende Tabelle. Hatten Sie mit dem einen
    oder anderen genannten Aufgabengebiet schon einmal Kontakt?**

Falls nicht, können Sie die Tabelle einfach überblättern und direkt zur Analyse
Ihrer Softskills übergehen.

■ **Falls ja, bei welcher Gelegenheit war das bzw. bei welchem Punkt
    Ihrer bereits notierten Lebenslaufstationen fand das statt? Was ge-
    nau war Ihre Tätigkeit?**

Notieren Sie zunächst auch alle Nebensächlichkeiten und unterscheiden Sie nicht
nach ‚wichtig' oder ‚unwichtig'. Später können Sie dann noch immer streichen.

Aufgabengebiet	Beschreibung der Tätigkeiten & Aufgaben	Lebenslaufstation
Beispiel	*Erstellung von PR-Texten* *Bearbeitung von Kundendatenbanken* *Telefonische und persönliche Kundengespräche*	*Praktikum Firma XY* *Nebenjob Muster AG* *Praxissemester XYZ*
Büroorganisation und Sachbearbeitung?	....	....
Buchhaltung und Rechnungswesen?	....	....

Verkauf, Vertrieb, Beratung und Kundenakquisition?		
Marketing und Promotion?		
Logistikaufgaben?		
Veranstaltungs- und Eventorganisation?		
Assistenzen, Stellvertretungen und Verantwortlichkeiten?		
Öffentlichkeitsarbeit, Grafikdesign und Texterstellung?		

Organisation und Konzeption?	....	....
Hard- und Soft-warepraxis und sonstige IT-Tätigkeiten?	....	....
Sprachliche so-wie fremd-sprachliche Pra-xiskenntnisse?	....	....
Pädagogische Erfahrungen?	....	....
Schulungs- oder sonstige Präsen-tationspraxis?	....	....
Entwicklungs- und Konstrukti-onsarbeiten so-wie sonstige technische Auf-gaben?	....	....

Sonstige Praxis-kenntnisse?	....	....

3. Schritt: Überprüfung auf Relevanz

Wenn Sie damit fertig sind, liegt Ihnen eine Art Stoffsammlung Ihrer Praxiskenntnisse vor. Jetzt versuchen Sie sich in einen Arbeitgeber hineinzuversetzen. Stellen
Sie sich für jeden notierten Punkt Ihrer Stoffsammlung folgende Fragen:

■ **Könnte dieser Punkt in meinem künftigen Berufsalltag einsetzbar
    sein?**

■ **Welche Vorteile bietet dieser Punkt wohl für künftige Arbeitge-
    ber?**

Streichen Sie unnötige Punkte aus Ihrer Stoffsammlung.

4. Schritt: Dokumentation der Ergebnisse im tabellarischen Lebenslauf

Die Essenz Ihrer Stoffsammlung dokumentieren Sie mit Hilfe von Unterpunkten
zu den jeweiligen Lebenslaufstationen. Beispiel:

04/2004 - 08/2010   **Nebenbeschäftigung in den Semesterferien sowie an
                      Samstagen in der Muster Firma in Musteringen**
                      • Vorbereitung von Präsentationen sowie Entwurfsvorlagen
                        für Werbekampagnen mit MS Power Point
                      • Komplette Bandbreite üblicher Bürotätigkeiten

Der tabellarische Lebenslauf ist letztendlich die Darstellung Ihres fachlichen Profils (Hardskills). Im Übrigen haben Sie die Wahlfreiheit, ob Sie Ihre Softskills zusätzlich schon im Lebenslauf dokumentieren möchten. Die Analyse der Softskills
folgt auf den nächsten Seiten.

Arbeitsblätter: Softskills

Persönlichkeitsmerkmal	gar nicht	durch-schnittlich	gut	sehr gut
Abstraktionsvermögen	☐	☐	☐	☐
Allgemeinwissen	☐	☐	☐	☐
Analytisches Denkvermögen	☐	☐	☐	☐
Anpassungsvermögen	☐	☐	☐	☐
Arbeitseffizienz	☐	☐	☐	☐
Ausdrucksfähigkeit	☐	☐	☐	☐
Aufgeschlossenheit	☐	☐	☐	☐
Beharrlichkeit	☐	☐	☐	☐
Beobachtungsgabe	☐	☐	☐	☐
Begeisterungsfähigkeit	☐	☐	☐	☐
Detailtreue	☐	☐	☐	☐
Diplomatisches Geschick	☐	☐	☐	☐
Durchhaltevermögen	☐	☐	☐	☐
Dynamik	☐	☐	☐	☐
Effektivität	☐	☐	☐	☐
Durchsetzungsvermögen	☐	☐	☐	☐
Ehrgeiz	☐	☐	☐	☐
Eigeninitiative	☐	☐	☐	☐
Einfühlungsvermögen	☐	☐	☐	☐
Entschlussfähigkeit	☐	☐	☐	☐
Eigenverantwortung	☐	☐	☐	☐
Entscheidungsfreude	☐	☐	☐	☐

Seite 1/4

Persönlichkeitsmerkmal	gar nicht	durch-schnittlich	gut	sehr gut
Entschlossenheit	☐	☐	☐	☐
Fähigkeit zum Zuhören	☐	☐	☐	☐
Führungskompetenz	☐	☐	☐	☐
Frustrationstoleranz	☐	☐	☐	☐
Geduld	☐	☐	☐	☐
Gehobene Umgangsformen	☐	☐	☐	☐
Herzlichkeit	☐	☐	☐	☐
Integrität	☐	☐	☐	☐
Kommunikationsfähigkeit	☐	☐	☐	☐
Konfliktfähigkeit	☐	☐	☐	☐
Kompromissfähigkeit	☐	☐	☐	☐
Kontaktfähigkeit	☐	☐	☐	☐
Konsequenz	☐	☐	☐	☐
Kooperationsfähigkeit	☐	☐	☐	☐
Konzentrationsfähigkeit	☐	☐	☐	☐
Kritikbereitschaft	☐	☐	☐	☐
Kreativität	☐	☐	☐	☐
Kundenorientierung	☐	☐	☐	☐
Lernbereitschaft	☐	☐	☐	☐
Logisches Denkvermögen	☐	☐	☐	☐
Loyalität	☐	☐	☐	☐
Marktausrichtung	☐	☐	☐	☐
Menschenkenntnis	☐	☐	☐	☐
Optimismus	☐	☐	☐	☐

Seite 2/4

Persönlichkeitsmerkmal	gar nicht	durch-schnittlich	gut	sehr gut
Organisationsfähigkeit	☐	☐	☐	☐
Positives Denken	☐	☐	☐	☐
Pädagogisches Geschick	☐	☐	☐	☐
Praktische Intelligenz	☐	☐	☐	☐
Planerische Fähigkeiten	☐	☐	☐	☐
Qualitätsbewusstsein	☐	☐	☐	☐
Problemlösungskompetenz	☐	☐	☐	☐
Resultatsausrichtung	☐	☐	☐	☐
Realitätssinn	☐	☐	☐	☐
Selbstbewusstsein	☐	☐	☐	☐
Sachlichkeit	☐	☐	☐	☐
Selbstdisziplin	☐	☐	☐	☐
Selbstsicherheit	☐	☐	☐	☐
Selbstorganisation	☐	☐	☐	☐
Selbstständigkeit	☐	☐	☐	☐
Soziabilität	☐	☐	☐	☐
Strategisches Denken	☐	☐	☐	☐
Spontaneität	☐	☐	☐	☐
Sprachgewandtheit	☐	☐	☐	☐
Stressbeständigkeit	☐	☐	☐	☐
Systematisches Denken	☐	☐	☐	☐
Technisches Verständnis	☐	☐	☐	☐
Toleranz	☐	☐	☐	☐
Transferfähigkeit	☐	☐	☐	☐

Seite 3/4

Persönlichkeitsmerkmal	gar nicht	durch-schnittlich	gut	sehr gut
Überblick	☐	☐	☐	☐
Umgebungsbewusstsein	☐	☐	☐	☐
Verantwortungsbereitschaft	☐	☐	☐	☐
Verhandlungsgeschick	☐	☐	☐	☐
Überzeugungskraft	☐	☐	☐	☐
Unternehmerisches Denken	☐	☐	☐	☐
Urteilsbildung	☐	☐	☐	☐
Verkäuferisches Geschick	☐	☐	☐	☐
Weltgewandtheit	☐	☐	☐	☐
Wirtschaftliches Denken	☐	☐	☐	☐

Seite 4/4

Diskutieren Sie die Ergebnisse mit Personen Ihres Vertrauens. Zumindest Ihre charakterlichen Hauptmerkmale sollten im Bewerbungsschreiben genannt werden.

Nachdem Sie fertig sind, streichen Sie so lange, bis Sie eine Essenz von Hauptcharaktereigenschaften erhalten. Tragen Sie sie dann in die nachstehende Tabelle ein.

PERSÖNLICHKEITSPROFIL	Persönlichkeitsmerkmale
1. Persönlichkeitsmerkmal:	....
2. Persönlichkeitsmerkmal:	....
3. Persönlichkeitsmerkmal:	....
Weitere Merkmale:	....
Weitere Merkmale:	....
Weitere Merkmale:	....

Assoziationsliste: Kontakte

Gehen Sie Punkt für Punkt der Assoziationen durch und erstellen Sie eine Namensliste Ihrer bestehenden Kontakte. Als erstes Hilfsmittel können Sie Ihre Fotoalben bzw. Fotodateien betrachten. Dabei werden Sie sich an viele Ihrer alten Kontakte erinnern.

Assoziation	Namen	
	1.	41. ....
	2.	42. ....
	3.	43. ....
	4.	44. ....
	5.	45. ....
	6.	46. ....
	7.	47. ....
	8.	48. ....
	9.	49. ....
	10	50. ....
	11.	51. ....
	12.	52. ....
	13.	53. ....
	14.	54. ....
	15.	55. ....
	16.	56. ....
	17.	57. ....
Aktuelle Freunde, Bekannte und Verwandte?	18.	58. ....
	19.	59. ....
	20.	60. ....
	21.	61. ....
	22.	62. ....
	23.	63. ....
	24.	64. ....
	25.	65. ....
	26.	66. ....
	27.	67. ....
	28.	68. ....
	29.	69. ....
	30.	70. ....
	31.	71. ....
	32.	72. ....
	33.	73. ....
	34.	74. ....
	35.	75. ....
	36.	76. ....
	37.	77. ....
	38.	78. ....
	39.	79. ....
	40.	80. ....

Assoziation	Namen	
Frühere Mit-bewohner und Nachbarn?	1. .... 2. .... 3. .... 4. .... 5. .... 6. .... 7. .... 8. .... 9. .... 10. .... 11. .... 12.	13. .... 14. .... 15. .... 16. .... 17. .... 18. .... 19. .... 20. .... 21. .... 22. .... 23. .... 24. ....
Spiel- und Schulkamera-den?	1. .... 2. .... 3. .... 4. .... 5. .... 6. .... 7. .... 8. .... 9. .... 10. .... 11. .... 12.	13. .... 14. .... 15. .... 16. .... 17. .... 18. .... 19. .... 20. .... 21. .... 22. .... 23. .... 24. ....
(Ex-) Kommi-litonen/innen?	1. .... 2. .... 3. .... 4. .... 5. .... 6. .... 7. .... 8. .... 9. .... 10. .... 11. .... 12.	13. .... 14. .... 15. .... 16. .... 17. .... 18. .... 19. .... 20. .... 21. .... 22. .... 23. .... 24. ....
Lehrer, Do-zenten, Trai-ner und Pro-fessoren?	1. .... 2. .... 3. .... 4. .... 5. .... 6. .... 7. .... 8. .... 9. .... 10. .... 11. .... 12.	13. .... 14. .... 15. .... 16. .... 17. .... 18. .... 19. .... 20. .... 21. .... 22. .... 23. .... 24. ....

Assoziation	Namen	
Vereine oder sonstige Gruppen, in denen ich aktiv war?	1. .... 2. .... 3. .... 4. .... 5. .... 6. .... 7. .... 8. .... 9. .... 10. .... 11. .... 12.	13. .... 14. .... 15. .... 16. .... 17. .... 18. .... 19. .... 20. .... 21. .... 22. .... 23. .... 24. ....
Teilneh-mer/innen von Kursen oder Seminaren?	1. .... 2. .... 3. .... 4. .... 5. .... 6. .... 7. .... 8. .... 9. .... 10. .... 11. .... 12.	13. .... 14. .... 15. .... 16. .... 17. .... 18. .... 19. .... 20. .... 21. .... 22. .... 23. .... 24. ....
Mitreisende und Bekannt-schaften im Urlaub?	1. .... 2. .... 3. .... 4. .... 5. .... 6. .... 7. .... 8. .... 9. .... 10. .... 11. .... 12.	13. .... 14. .... 15. .... 16. .... 17. .... 18. .... 19. .... 20. .... 21. .... 22. .... 23. .... 24. ....
Umfeld der/des Part-ners/in?	1. .... 2. .... 3. .... 4. .... 5. .... 6. .... 7. .... 8. .... 9. .... 10. .... 11. .... 12.	13. .... 14. .... 15. .... 16. .... 17. .... 18. .... 19. .... 20. .... 21. .... 22. .... 23. .... 24. ....

Assoziation	Namen	
Vorgesetzte und Arbeits- kollegen bei Nebenjobs und Praktika?	1. .... 2. .... 3. .... 4. .... 5. .... 6. .... 7. .... 8. .... 9. .... 10. .... 11. .... 12.	13. .... 14. .... 15. .... 16. .... 17. .... 18. .... 19. .... 20. .... 21. .... 22. .... 23. .... 24. ....
Sonstige pri- vate Kontakte	1. .... 2. .... 3. .... 4. .... 5. .... 6. .... 7. .... 8. .... 9. .... 10. .... 11. .... 12.	13. .... 14. .... 15. .... 16. .... 17. .... 18. .... 19. .... 20. .... 21. .... 22. .... 23. .... 24. ....

Wenn Sie sich die Namen notiert haben, sind weitere Fragen zu stellen:

■ **Wer arbeitet wo?**

■ **Wo arbeiten deren Angehörige?**

■ **Sind darunter Arbeitgeber, die mich interessieren könnten?**

Bei manchen Menschen wird Ihnen der Arbeitgeber bekannt sein. Beim Großteil allerdings nicht. Vielleicht möchten Sie einige Bekannte über Ihre Jobsuche infor- mieren. Zugleich können Sie nach deren Arbeitgebern oder nach sonstigen Ideen fragen. Vielleicht ergibt sich ja etwas.

Darüber hinaus kann es durchaus Freude bereiten, mal wieder etwas von sich hören zu lassen.

Zum Schluss kommen die Ergebnisse zu der Arbeitgeberliste („Stoffsammlung"), die Sie durch die anderen Recherchetechniken bereits ermittelt haben.

Spickzettel: Telefongespräche

Suchen Sie sich eine der vier Varianten aus. Übertragen Sie dann Ihren modifizierten Text in die Gesprächsvorlage der nächsten Seite.

Variante 1:

> *„Schönen guten Tag, mein Name ist Sabine Mustermann. Ich werde im Frühjahr 2012 mein Studium der Volkswirtschaftslehre abschließen und würde mich bei Ihrem Unternehmen sehr gerne bewerben. Können Sie mich bitte weiterverbinden?"*

Wenn Sie dann verbunden sind:

> *„Schönen guten Tag, mein Name ist Sabine Mustermann. Ich werde im Frühjahr 2012 mein Studium der Volkswirtschaftslehre mit dem Master of Science abschließen und würde mich bei Ihnen sehr gerne bewerben. Wäre das aktuell sinnvoll?"*

Variante 2:

> *„Schönen guten Tag, mein Name ist Sabine Mustermann. Ich werde im Frühjahr 2012 mein Studium der Volkswirtschaftslehre abschließen und würde mich gerne für den Bereich Marketing bewerben. Können Sie mich bitte weiterverbinden."*

Wenn Sie dann verbunden sind:

> *„Schönen guten Tag, mein Name ist Sabine Mustermann. Ich werde im Frühjahr 2012 mein Studium der Volkswirtschaftslehre mit dem Master of Science abschließen und würde mich sehr gerne für den Bereich Marketing bewerben. Wäre das aktuell sinnvoll?"*

Variante 3:

> *„Schönen guten Tag, mein Name ist Sabine Mustermann. Ich möchte gerne Frau Lara Muster sprechen."*

Falls nach dem Grund gefragt wird:

> *„Ich werde demnächst mein Studium der Volkswirtschaftslehre abschließen. Frau Muster wurde mir von Herrn/Frau XY als Ansprechpartnerin empfohlen. Ich möchte mich gerne bei Ihrem Unternehmen bewerben."*

Wenn Sie dann verbunden sind:

> *„Guten Tag Frau Muster, mein Name ist Sabine Mustermann. Schön, dass ich Sie gleich erreiche. Sie wurden mir von Herrn/Frau XY als meine Ansprechpartnerin genannt. Ich werde im Frühjahr 2012 mein Studium der Volkswirtschaftslehre mit dem Master of Science abschließen und würde mich sehr gerne bei Ihnen bewerben. Wäre das aktuell sinnvoll?"*

Variante 4:

> *„Schönen guten Tag, mein Name ist Sabine Mustermann. Ich möchte gerne Frau Lara Muster sprechen."*

Falls nach dem Grund gefragt wird:

> *„Ich werde demnächst mein Studium der Volkswirtschaftslehre abschließen. Frau Muster liegt mir als zuständige Ansprechpartnerin vor. Ich möchte mich gerne bei Ihrem Unternehmen bewerben."*

Wenn Sie dann verbunden sind:

> *„Guten Tag Frau Muster, mein Name ist Sabine Mustermann. Schön, dass ich Sie gleich erreiche. Ich werde demnächst mein Studium der Volkswirtschaftslehre mit dem Master of Science abschließen und würde mich sehr gerne bei Ihnen bewerben. Wäre das aktuell sinnvoll?"*

Legen Sie sich diese Vorlage und die möglichen Fragen (folgende Seite) neben das Telefon und lesen Sie anfänglich davon ab. Das fällt Ihrem Gegenüber nicht auf.

Schönen guten Tag, mein Name ist ....

....

....

....

....

....

....

....

....

....

Wenn Sie dann verbunden sind:

Schönen guten Tag, mein Name ist ....

....

....

....

....

....

....

....

....

....

....

....

....

....

Weiterführende Fragen:

„Sind Sie selbst mein/e persönliche/r Ansprechpartner/in?"

„Wie ist bitte ihre korrekte Schreibweise?"

„Wünschen Sie meine Unterlagen per Post oder E-Mail?"

Falls sich das Gespräch zum Plaudern entwickeln sollte:

„Ist in einem ganz bestimmten Bereich eine Stelle zu besetzen oder gibt es weitere vakante Positionen?"

„Könnten Sie noch ein paar Worte über die betreffende Position verlieren?"

„Welche spezifischen Kenntnisse und Fähigkeiten sollte ich Ihrer Meinung nach mitbringen?"

„Was ist Ihnen bei Bewerbungsunterlagen besonders wichtig?"

„Welche Erwartungshaltung haben Sie grundsätzlich an Bewerber?"

„Welche Tätigkeitsbereiche haben aus Ihrer Sicht die besten Karriereaussichten?"

„Haben Sie für mich noch einen grundsätzlichen Tipp?"

Falls Sie ein ‚Nein' oder Ähnliches hören:

„Ist es zweckmäßig, sich zu einem späteren Zeitpunkt erneut zu melden?"

„Darf ich Ihnen eine letzte Frage stellen? Haben Sie eventuell einen Tipp, bei welchem Unternehmen ich noch anfragen könnte?"

Falls der Ihnen vorliegende Ansprechpartner nicht stimmen sollte oder Sie nicht verbunden werden:

„Vielleicht können Sie mir weiterhelfen. Welchen Weg würden Sie mir empfehlen, um mich erfolgreich bei Ihrem Unternehmen bewerben zu können?"

Kopiervorlage: Gesprächsnotiz

Datum: ....

Arbeitgeber: ....

Abteilung: ....

Straße, PLZ, Ort: ....

Gesprochen mit: Herr/Frau ....

Zuständiger Ansprechpartner: Herr/Frau ....

Telefon-Durchwahl: ....

Direkte E-Mail-Adresse: ....

Gesprächsinhalt: ....

....

....

....

....

Bewerbung per E-Mail oder Post? ....

Sonstige Vorgaben/Wünsche zur Bewerbung selbst: ....

....

Anforderungen/Beschreibung der zu besetzenden Position: ....

....

....

....

....

....

Wiedervorlage am: ....

Kopiervorlage: Erstansprache

Kopieren Sie die folgenden zwei Seiten beidseitig auf ein Blatt und nehmen Sie es zum entsprechenden Anlass mit.

- Lächeln und in die Augen schauen

- Aufrechte Körperhaltung

- Erst dann die Hand geben, wenn Sie angeboten wird

- Keine übertriebene Höflichkeit oder gar Unterwürfigkeit

- Gesprächspartner aussprechen lassen

- Visitenkarte, Telefonnummer oder E-Mail-Adresse mitnehmen

- Wichtige Gesprächspunkte notieren (Rückseite Visitenkarte)

- Falls kein Kärtchen: Name des Gegenübers/des Unternehmens?

„Ihr Unternehmen macht auf mich einen hochinteressanten Eindruck. Wie kann ich nähere Informationen erhalten?"

„Ich informiere mich gerade über Ihre Branche. Könnten Sie mir vielleicht einen Tipp geben, wo ich weiterführende Informationen erhalten kann?"

„Wie schätzen Sie die Zukunftsperspektiven Ihrer Branche ein?"

„Wie bewerten Sie die Zukunftsaussichten Ihres Unternehmens?"

„Ich habe .... studiert und suche gerade den Berufseinstieg im Bereich .... Denken Sie, dass es momentan sinnvoll sein könnte, sich auch bei Ihrem Unternehmen zu bewerben?"

„Ich verfüge über die Qualifikation .... und würde mich sehr gerne bei Ihrem Unternehmen bewerben. Können Sie mir bitte den zuständigen Ansprechpartner nennen?"

„Können Sie mir bitte sagen, an wen ich intern meine Bewerbung zu richten habe?"

„Wie kann ich herausfinden, welcher Ansprechpartner zuständig ist?"

„Zu welcher Vorgehensweise würden Sie bei einer Bewerbung raten?"

„Ich werde voraussichtlich im MM/JJJJ meinen ....-Abschluss in der Fachrichtung .... absolvieren. Denken Sie, dass es für mich Perspektiven in Ihrem Unternehmen geben könnte?"

„Wenn Sie heute den Berufseinstieg suchen würden, welchen Weg würden Sie einschlagen?"

„Haben Sie für meinen Berufseinstieg einen grundsätzlichen Tipp?"

„Welche Kenntnisse und Fähigkeiten werden in Ihrem Unternehmen am meisten gesucht?"

„In welchem Unternehmensbereich gibt es die besten Perspektiven?"

„Haben sie vielleicht eine Idee, welche weiteren Unternehmen für mich interessant sein könnten?"

„Ich möchte mich sehr herzlich für das Gespräch bedanken. Haben Sie vielleicht ein Kärtchen für mich?"

„Vielen Dank für das Gespräch. Das hat mir jetzt sehr weitergeholfen. Falls ich noch Fragen habe, darf ich Sie nochmals kontaktieren?"

„Bevorzugen Sie E-Mail oder eher Telefon?"

„Nun muss ich aber weiter. Das Gespräch war für mich sehr interessant. Darf ich Sie anmailen, falls noch Fragen auftauchen sollten?"

„Die Informationen haben mir sehr weitergeholfen. Haben Sie vielleicht eine Infobroschüre für mich? Sind darin Ihre Kontaktdaten enthalten?"

Weitere Fragen: ....

....

....

....

....

....

Stichwortverzeichnis

MIX
Papier aus verantwortungsvollen Quellen
Paper from responsible sources
FSC® C105338

If you have any concerns about our products,
you can contact us on
ProductSafety@springernature.com

In case Publisher is established outside the EU,
the EU authorized representative is:
Springer Nature Customer Service Center GmbH
Europaplatz 3, 69115 Heidelberg, Germany

Printed by Libri Plureos GmbH
in Hamburg, Germany